この1冊を読めば性質、品種、栽培、歴史のすべてがわかる

モダンローズ

Modern Roses

京成バラ園芸
村上 敏

はじめに

　栽培マニュアルに沿った品種だけを選んで販売していた1990年代までは、バラ苗の育て方は大きく見てひとつでした。いかに元気を維持するように管理し、大きく立派な花を初夏と秋（温暖地）に咲かせるか、技術の向上を実感できるのが当時の四季咲きバラでした。

　しかし現在、モダンローズも、またその中心として扱われるハイブリッドティー、フロリバンダという分類内でさえ、それぞれに含まれる品種の性格は大変幅広いものになっています。

　近年のバラは育てやすさと豪華さとの融合を目指し、さまざまなアプローチがなされています。西洋では品種育成の過程でたくさん存在した、オールドローズというシュラブ樹形の品種群があります。この木立ちでもつるでもない樹形が、ひとつの答えとして広まっています。豪華な花が一年に何度もくり返し咲くけれど育てるのが難しいバラ、丈夫だけど大きくなってしまうつるバラ、この中間を狙うものです。病気への抵抗力も格段に向上しました。樹形と耐病性の2本立てで、丈夫でよく咲く新しいバラが次々と誕生しています。

　この本では、ヨーロッパでは花壇用とされますが日本ではつるバラ扱いとなるものも含めました。つるバラとして販売されていても、北海道や高冷地では花壇用としてみて欲しいからです。

　今までの栽培本は木立ちやつるを分けて考えましたが、現在販売されているバラは、実際に皆さんの庭で栽培してみないと、どんな性格なのかわからないものがたくさんあります。そこで木立ち性とつる性のバラ（一回咲きを除く）が、切れ目なく連続するように品種が存在するいう現実をとらえ、通常の枝、ベーサルシュート、花の大きさと房咲き、養分をどのように振り分けて咲かせたいのか、など「パーツごとに分解して解説する」ということに努めました。こうすることによって、目の前で育っているバラを見て、花壇用にもつる用にも考えを柔軟に変えられると思ったからです。「こうすれば結果がこうなる」という傾向が見えていれば、対処はしやすいと考えました。

　モダンローズは、世界のさまざまな気候で育つバラを混ぜてから再構成されたバラなので、ランにこそ及びませんが、その多様性は、温帯で地面に植えて育つ園芸植物の中では群を抜いています。この中に、手間がかからず大きくなりすぎないバラも誕生してきています。

　はじめての人でもそこそこの手入れで秋に自然と咲くバラから、中級者以上が手をかけて秋に麗しく大きな花を咲かせるバラまで幅広く揃う時代です。鉢でコレクションしてもよし、バラだけの庭をつくるもよし、バラと宿根草を合わせた庭にするもよし、それに応えるだけの品種が豊富に揃っています。本書が、バラの楽しさを多くの方に感じていただけるための一助になればと思います。

村上　敏

Contents

はじめに・・・・・・・・・5

Chapter 1
基 礎 編

モダンローズとは？・・・・・・・・・12
基本的なバラのとらえ方・・・・・・・・・14
1. 開花サイクル・・・・・・・・・16
2. 木ぶり・・・・・・・・・17
3. 花の大きさ・・・・・・・・・20
4. 花の咲き方・・・・・・・・・21
性格判断・・・・・・・・・22
バラを育てる環境・・・・・・・・・27
日光条件・・・・・・・・・27
鉢植え・・・・・・・・・28
庭植え・・・・・・・・・30

Chapter 2
実 践 編

成木にするテクニック・・・・・・・・・34
バラの楽しみ方の例・・・・・・・・・40
植えつけの考え方・・・・・・・・・42
株を育てる時の考え方・・・・・・・・・44
樹形を決める要素・・・・・・・・・52
剪定の考え方・・・・・・・・・54
生育期の剪定・・・・・・・・・56
休眠期の剪定・・・・・・・・・58
若苗の剪定・・・・・・・・・60
成木の剪定・・・・・・・・・62
養分の集中と分散・・・・・・・・・64
樹高の考え方・・・・・・・・・68
バラの栽培年間カレンダー・・・・・・・・・72
バラと草花を合わせる・・・・・・・・・76

Chapter 3
図鑑

Chapter 4
バラをめぐる旅

図鑑の見方 ・・・・・・・・・・・・・ 80
木立ちタイプ ・・・・・・・・・・・・ 82
中間タイプ ・・・・・・・・・・・・ 158
つるタイプ ・・・・・・・・・・・・ 170

モダンローズの歴史 ・・・・・・・・・ 178
バラの未来 ・・・・・・・・・・・・ 183
バラの香り ・・・・・・・・・・・・ 184
バラの病害虫防除 ・・・・・・・・・・ 190

INDEX ・・・・・・・・・・・・・・・ 200
京成バラ園芸 ・・・・・・・・・・・・ 206
おわりに ・・・・・・・・・・・・・・ 207

column_1
環境にやさしく丈夫なバラ ・・・・・・ 32

column_2
樹形をつかむための観察 ・・・・・・・ 39

column_3
大きくなるバラのシュート ・・・・・・ 51

column_4
台木と台芽 ・・・・・・・・・・・・ 189

Chapter 1

基礎編

modern
roses

モダンローズとは？

モダンローズの来た道

「モダンローズ」と呼ばれるものに、明確な基準があるわけではありません。一般的には以下のように説明されることが多いです。

バラの理想像「剣弁高芯の大きくて香しい花が、太い枝先にひとつ定期的に咲き続ける」、この姿を具現化した最初のバラは「ラ フランス」であっただろう。その作出年である1867年以降につくられたバラをモダンローズとしようではないか。

これは、実におおらかで人間らしい区分けだといえます。私は、モダンローズがオールドローズの時代と異なる点は、目的をもって人工交配され、新しい品種が作出されたことだと感じています。それまでになかった画期的なバラが育成され、その血を引くものは交配、交雑問わずモダンローズと呼ぶにふさわしいと思うのです。「ラ フランス」は交雑実生ですが、モダンローズの理想にかなう選抜の産物ですから、広い意味でモダンローズといえるでしょう。

四季咲きで香りよい大輪バラ

オールドローズとの線の引き方もまた曖昧です。長いバラの歴史から見れば、ここ200年の変化が大きすぎるからです。今のような交通手段はなく、即座に情報が世界へ広がる時代ではない頃には、有用なバラが東ヨーロッパ、西アジアから長い時間をかけてゆっくりとヨーロッパに導入され、特権階級層や僧院に広まり、最終的に香料産業として発展しました。その時代もやはりバラのイメージは、基本的に香りのよい「初夏に一回だけ咲く植物」でした。

これらオールドローズに中国の完全な四季咲きバラが18世紀末に渡ったことで、四季咲きの大輪バラとしてモダンローズが誕生したのです。

モダンローズの第1号として有名な香り高き「ラ フランス」

現在のモダンローズは多様すぎて、欧州で花壇植えされるものは、大輪：ハイブリッドティ（HT）、中輪：フロリバンダ（Fl）、小輪：ミニチュア（Min）として、花の大きさで大まかに系統分けされています。ただしヨーロッパは北国で生育期間が短く、二番花が咲けば四季咲きに見えますから、日本ではつる性となるものが含まれます。

本書での考え方

ヨーロッパと同様の生育をする地域は、札幌以南を除く北海道や高冷地です。本書では、ヨーロッパで花壇用とされるモダンローズも扱うことにしました。日本の都市部ではつる化する品種も含めています。これらは、失敗の少ないモダンローズだからです。

本書では、四季咲きの木立ち・シュラブ樹形であれば、バラの性質を伝えることで、読者にはご自身で判断して楽しんでいただけるよう試みました。そのため図鑑は、典型的な庭植え向きの品種（木立ちタイプ）、庭でもつる仕立てでも使える品種（中間タイプ）、寒冷地以外ではつる仕立てが向く品種（つるタイプ）と、木の性格で大別し、それぞれ大輪から小輪の順に並べました。

栽培初心者や時間的、経済的に育てる余裕がないという人に向け、手間いらずで育つバラが求められています。この要望に応えるために、二つの方法があります。ひとつは木を大きくして葉の茂る量を増やし、栄養を蓄える場所を増やすことです。古くから生き残っている品種に大きく育つものが多いのはそのためです。半つるも同じ理由で丈夫です。冬の剪定でバッサリと切り戻せば、春は普通の花壇用として使え、その後つるが伸びることで大きくなります。大きくなるので都市部の庭ではもてあましてしまうのが難点です。

もうひとつのアプローチは、葉を丈夫にして葉を長持ちさせることです。バラは虫がつくだけでなく、病気で調子を崩すことが非常に多いです。虫だけの被害で済むなら格段に育てやすい身近な花になります。

近年になってようやく、大きくならず、病気にもかかりにくい、狭い場所でも楽しめるバラが誕生しています。手間をかけてこれ以上ないほどの美を求めた時代から、放任状態でもそれなりのバラが咲く時代への転換期に来ているようです。そこで、同じ大輪系統の中でも、手間なく育つものを優先的に選んで紹介しています。バラと草花が咲く庭づくりにも役立ててほしいと思います。

基本的なバラのとらえ方

モダンローズを知るために、まず、温帯植物や灌木の性質というように、
バラが属しているカテゴリーの大枠をつかむことからはじめたいと思います。
全体像が把握できたら、バラの基本的な性質から、
開花サイクルや木ぶり、咲き方などの構成要素を見ていきましょう。

温帯植物の性質

　芽は基本的に、天に近いところから優先的に伸びますが、これを頂芽優勢と呼びます。すべての芽に伸びる準備がされているわけではありません。活動期は芽吹く準備ができた芽から、順次芽吹きますが、休眠期の枝には、芽吹く準備のできた芽が芽吹くことなく次々とたまります。剪定などにより芽吹く予定のなかった芽が芽吹くためには、冬で3〜4週間の準備期間を要します。休眠期の中でも凍らない程度の温度であれば、芽が膨らみ白根も伸びます。葉のつけ根（節）には芽があります。ただし、ベーサルシュートから一斉に分かれる枝のつけ根には芽はありません。品種によっては枝の生え際5節ほどまで芽のないものがあります。

　枝は、枝垂れ性を除き、先端が天に向かっている間、養分は枝先に送り込まれます。成育期は、葉が増えるほど元気になります。車のアクセルを踏んで加速しているイメージです。反対に、葉を失うほど弱ります。ブレーキを踏んでいるイメージです。同じことが木全体でもいえ、枝を伸ばし放題にするほど成長のアクセルが踏まれ、枝を切れば切るほど成長にブレーキをかけることになります。

　木は大きいほど光を独占しやすく、また栄養を蓄えやすいため、体が大きい木ほど丈夫。同じ品種でも、大きく育つほど育ちやすいです。地上部の枝葉の量と地下部の根の量はほぼ同等なので、地上部が大きいと根も大きくなっています。

灌木の性質

　地際から、永続しない太めの枝が何本か生えます（ただし例外として、つる性の野生バラの中には、幹となって長生きするものもあります）。更新するための特別太い枝は、株元（ベーサルシュート）や、太い枝の途中（サイドシュート）から伸びます。サイドシュートが出るタイプは、主幹の寿命が長いです。

　深植えすると、地中の枝からも発根して生育します（幹が永続して太り続ける樹木は

深植えすると枯れやすくなります)。深植えしても地中の芽は土中で生き残り、芽吹く能力が保持されます。原種やオールドローズの一部の種は、深植えすると地中を這い広がる枝（サッカー）が発生します。ハマナスやガリカなどは、接ぎ口を出したほうが花壇の中で暴れずに済みます。

葉はそれぞれ小さくなります。

四季咲きはつぼみを摘むと次の枝が芽吹きやすくなります。春以降に伸びた枝が木化しはじめるのは秋口です。

枝数（芽数）が多いほど細かな枝がたくさん出て、花は小さくなり、花の咲かない枝も出てきます。これは養分が分散しているためです。反対に、枝数（芽数）を減らすほど養分が集約するので、太い枝が出て大きな花を咲かせます。剪定後の枝は、芽の間隔が狭いほど多くの枝が吹きやすく、養分が分散します。

バラ独特の性質は四季咲きで、枝先に花を咲かせることです。

バラの基本的な性質

バラは日当たりのよいところを好み、枝の先に花をつけます。芽は主芽とその両脇の副芽の計3芽からなっています。一枝の葉のつき方にはパターンがあり、枝の始点と終点の

● バラの構成要素

1. 開花サイクル (→ p.16)	2. 木ぶり (→ p.17)			3. 花の大きさ (→ p.20)	4. 咲き方 (→ p.21)
	ベーサルシュート	シュート	硬さ		
四季咲き	つる 花なし	木立ち	硬い 木立ち	大きい ↕	単花咲き ↕
	つる 花あり ↕	つる	↕ やわらかい MAXランブラー テリハノイバラ	中くらい ↕	房咲き
一回咲き	房			小さい	

↕ …… 中間的な性質の品種が存在します。

1. 開花サイクル

［四季咲きバラ］

　完全な四季咲きバラは、伸びた枝先に花を咲かせ、生育適温であれば、休眠することなく何度も咲き続けます。ベーサルシュートも基本的に花を咲かせます。特に花つきを優先して改良された品種は、非常に多くの花を房で咲かせます。品種や環境で次の花の咲く時間が変わります。

　四季咲き種は、芽が伸びてから花がつくられるので、剪定で花芽を切り落とす心配がありません。

［一回咲き（ワンフラッシュ）バラ］

　栄養成長（葉がつく）の枝と生殖成長（花が咲く）の枝があります。休眠した枝に花芽がつきます。花芽は枝先に多くつき、枝元にはあまりつきません。休眠した枝を深く切ると咲かないことがあります。花は一回だけ、大量に咲きます。

　一季咲きの中には、春から夏に咲き戻るものがありますが、これは一回咲きには含みません。

秋遅くベーサルシュートの先に花を咲かせた「スーリール ドゥ モナリザ」

一回咲きのつるバラ（奥）と、夏花を咲かせる四季咲きバラ（手前）

2. 木ぶり

[シュート]

　基本種の一回咲きのバラでいうところの、「花を咲かせ、実を結ぶための枝」です。四季咲き種では、通常の枝を指します。四季咲きはこれが何度も生え、一回咲きと比べれば総じて枝が長めになります。

　この枝で葉をたくさん茂らせて養分を稼ぎながら、花も咲かせます。一番花の枝の長さは品種の癖が出るので、よく観察しましょう。短く咲くものは冬剪定で深く切れば一番花だけは必ず低く咲きそろいます。また、誘引すれば枝に沿ってきちんと花が並んで咲きます。アーチやオベリスクなど、構造物のかたちがはっきりと花で浮かび上がるので引き締まった感じになります。

　一番花が長く伸びて咲く場合は、ボリューム感があり、切り花にしても長い枝を収穫しやすくなります。つるバラのように誘引することもできますが、だらしなく咲くので使い方が難しくなります。

　もうひとつ確認しておきたい性質は、どれくらいの細く短い枝からきれいな花を咲かせたか、ということです。細い枝でも咲くということは、冬の剪定で細かい枝をたくさん残すほどよく咲くということです。太い枝にしか咲かない品種は太い枝まで低く切り養分を集中させます。

　シュートに力があれば花が先端に咲き、力がない枝や、途中でつぼみが育たなくなるような環境になった枝では成長が止まって花が咲きません。これをブラインドシュートと呼びます。ブラインドシュートはそのまま放置して葉数を維持します。

　ブラインドシュートの先は葉が密に生え、芽が集中しているので養分の分散が起こりやすくなります。そのためいくつかの芽が同時に伸びてそれぞれが細かな枝になりがちです。養分を蓄えるなら放置。咲かせる枝に育てるなら早期の芽欠きによって一芽を残し、養分の集約を図ります。

　シュートが硬く立ち上がれば木立ち性（ブッシュ）、やわらかくなるほどふんわりと茂る半つる性（シュラブ）の樹形になります。

[ベーサルシュート]

基本種の一回咲きのバラでいうところの、「長く伸びるつる性の枝」です。花を咲かせずに、ひたすら葉を増やして栄養を稼ぎ出し、将来の木の骨格をつくります。

四季咲きの場合は将来3年以上にわたり、木の骨格となってゆく極太の枝という点では一回咲きのバラと共通しますが、四季咲きの性質が強いほど葉が増えず、この枝にもたくさんの花が咲き乱れるので養分を稼ぎ出すとまではいえない収支のバランスとなります。

ベーサルシュートの成長がひと段落つくと、この先端からシュートが生えてきます。どの品種も成木になるまでは根元（ベース）からベーサルシュートがよく生えてきます。ベーサルシュートがとても長生きする品種だと、次第に株元からではなく、この古くなった主幹の途中から次世代を担う太い枝が生えてくるようになります。これをサイドシュートと呼びます。

サイドシュートが出てくる品種は株元に主幹が数本しかなく、途中から急にシュートが多く茂る樹形になります。樹木に近い性質の品種と思えばよいでしょう。樹木に近いぶん、丈夫で養分も太く育ってゆく主幹や根にたくさん蓄えられるので、生き残りやすいものです。よく木が大きくなって困るという声を聴きますが、だからこそ生き残ってこられたともいえるのです。

古くなった主幹から吹いた次の世代を担うサイドシュート

「レモンアンドジンジャー」のベーサルシュート。房に葉が多くつくので、弱りにくい品種

●シュラブ樹形の品種になると品種によってシュートの形が変わってきます。

①長く伸びた先に花がついたり
　つかなかったりする品種
②長く伸びたつるの先に一輪咲く品種
③長く伸びた先に
　大きな房咲きとなる（小輪）品種
④房で咲く場合も
　一本長く伸びる場合もある品種

つるバラに極めて近い性質から、完全四季咲き木立ち性の性質まで幅広いのです。共通して冬剪定で短く切り戻してもよく咲きます。つる仕立ても可能ですが、前述した通りシュートの性格で効果的かどうか判断する必要があります。

基本的な性質として、元気がいいほどつる化して咲かなくなりますし、元気がないほど長く伸びずに咲くようになります。そのため伸ばしたくない、咲かせたい場合は、長く伸びるベーサルシュートを成長途中で木が固まりはじめた部分で切り戻して弱らせると咲きやすくなります。弱らせるのですからたくさんの肥料は無用です。同じ理由で、つる仕立てにすると葉が増え、養分を貯める場所も増えるのでベーサルシュートはさらにつる化します。

3. 花の大きさ

[大輪種]

大きな花を咲かせる品種。直径10cm以上を大輪としています。中には直径13cmを超える巨大輪も存在します。このような品種は養分を集めるほど花がさらに巨大化する傾向があります。通常管理で元気に株を維持することはもちろん、剪定や芽欠き、房咲きになる前につぼみをひとつになるように欠くなど養分の集中を図り遊ぶと、立派な花が咲きおもしろいものです。

[中輪、小輪]

5～10cm未満を中輪、5cm未満を小輪としています。細かな花が咲く品種は房咲きとなって豪快に色の面を生みます。小ぶりな花でも一輪に養分を集約すれば花も大きくなり、花びらの数も増えますが、一輪の大きさには限界がありますので、つぼみの数はしぼり過ぎないようにします。房咲きは養分を集約させると大きさよりも量で応えます。少数派ですが、房咲きにならず枝数を増やし、花持ちをよくすることで同じ効果をねらう品種も登場しています。

大きさの区分けは便宜上のもの。実際には品種ごとに巨大輪から極小輪まで連続して存在している

4. 花の咲き方

[単花咲き]

　ひとつの枝先にひとつ花を咲かせます。大輪であるほどつぼみひとつに養分が集約されるので、立派な花が咲く性質です。花が独立して咲くので花が素直なかたちで咲きます。

　短所としてはこのつぼみが天候や虫でダメになった場合は端的に花の数が減ってさみしい咲き姿になります。

[房咲き]

　枝先にたくさんの花を咲かせます。大輪ならば3〜4輪、中輪なら4〜20輪、小輪なら20〜50近い数を咲かせるものもあります。枝先に花が増えるほど養分が分散してひとつの花は小さく、花びらの数も減ります。花が小さいほど数でカバーする傾向があります。時には、つくりすぎたつぼみを生理落下させます。ひどくなければ、心配無用です。花が咲きすすむと花が房の中で押し合い、花のかたちがわからなくなってきますから育成初期のものほど花形の美しさよりも、にぎやかさを感じる品種が多いです。

　香る品種は雨に弱く、灰色カビ病で花びらが溶けたようにくっついて開かなくなります。房の中につぼみが何段かあると、時期がずれて咲くので、全滅をまぬがれます。

単花咲き品種「ビバリー」

房咲き品種「ノヴァーリス」

性格判断

バラにも人と同じように、性格があります。
古い品種は蓄積されたデータがあるので、そこから性格を
ある程度予測することができますが、新しい品種はわからないことが多いものです。
地域や植える環境によってもバラの生育状態が変わるので、
「こう育つはず」という固定観念を持つ前に、目の前のバラをじっくり観察しましょう。

枝の太さと花つきを見る

品種によって花が咲く枝の太さはだいたい決まっています。太くて長い枝に咲く、細くてもよく咲く、短い枝にもよく咲くなどがあります。

また、その咲いた花が、望む美しさに達しているかもあわせて見ておきましょう。望む美しさに達していなければ、養分の無駄づかいです。次回から早めにつぼみを摘みとります。たくさんの小花を楽しむのか、数を減らして立派な花を楽しむのかは、育てる人の好みによります。

秋に長い枝が出るが、春は細くて短い枝にもたくさんの花を咲かせる「アミ ロマンティカ」

太く長い枝にしか咲かない「キャラメルアンティーク」（左）と細く短い枝にも咲く「ガーデン オブ ローゼズ」（右）

開花サイクルの習性を知る

　四季咲きのバラは、生育期であれば35〜60日ごとに花が咲きます。同じ品種でも気温が高いほど花は小さく早く咲き、涼しいほど大きく遅く咲きます。もちろん品種によっても変わります。

　一回咲きは、休眠した後に咲くので、次の開花は一年後です。返り咲く半つる性のバラはどうでしょう。一番花の予想はついても、残念ながら次にいつ咲くかはわかりにくいです。これは、元気になるほど枝がつる化して咲きにくくなる性質があるためです。枝は切るほど弱るので、花がら切りを深く切ると咲きやすくなり、伸ばし放題にするほど元気になって咲きにくくなるということです。一度花が咲いた細い枝に、再び花が咲きやすいのも同じ理由です。

　また、一回咲きは長いつるを冬剪定で短く切ると、花芽を切り落としてしまうので咲きませんが、返り咲く半つるバラは、切ってもよく咲きます。

　注意したいのは、一回咲きなのに四季咲きのつるバラに見えてしまう場合です。これは完全な四季咲き木立ち性品種から派生した、枝変わりのつるバラによく見られます。多くの場合、一回咲きの性質に変わっています。枝変わりで生まれた品種は安定しにくく、育てているうちにキメラといって、一株の中に四季咲きの枝が所どころに現れて、一回咲きの枝と混在するようになります。品種名の頭に「つる」とつくバラは枝変わり品種ですから、返り咲く枝が現れたら先祖返りを疑ってください。この場合、咲いた枝だけは必ず定期的にきちんと咲き、咲かない枝は伸び続けます。これを返り咲き性の半つるバラと勘違いしないようにしましょう。

枝のやわらかさを調べる

　枝のやわらかさによって、花の咲く向きが変わります。枝や花首がやわらかいほど横向きから垂れ下がるように咲きます。枝がやわらかければ誘引もしやすいので、高く伸ばして目線近くで咲かせることができます。剛直な枝であれば上向きに咲きます。木立ち性で大きくなるという情報がある品種であれば、無理に切って小さく仕立てたりせずに離れた場所から楽しむほうが適しています。枝が剛直なつるの場合は、曲げにくいので仕立ても車が通れるアーチか、フェンスでも高さ1.8mは欲しいところです。つるバラは移植しにくいですので、素性を確かめてから植えましょう。

四季咲きで木立ち性のバラ、ほのかをアーチに使用した例。この大きさになるのに5年かかった

つるバラ or 花壇バラ？

　どのような目的で品種改良されたバラなのかということを知りましょう。たとえば、つるバラとして開発されたバラは、誘引しやすいように枝に柔軟性があります。

　花壇用として開発された品種であれば、自立するために剛性の高い枝になります。当然、剛直な木立ち性のバラから枝変わりで発生したつるバラは、剛直で太く曲げにくい性質になります。こういった枝変わり系のバラは名前でわかります。ごく一部の例外を除き、「つる」+「派生元の品種名」と、性質が追記された品種名になっているからです。

　同じ理由で、ヨーロッパでは花壇用として使われている品種が、日本の温暖な気候でつる化した場合にも剛直な性質が残ります。この場合は、見分ける手段がないので、「フェンス向き」や「つるとして使える」といったキーワードの有無で推察します。

　四季咲きシュラブは枝の硬さもさまざまです。家庭サイズのアーチやオベリスクにちょうどいいバラも含まれます。花壇用のバラも主幹が長生きする、硬すぎず誘引可能、枝が

長く伸びる、一番花の枝が短い、という条件を満たせば四季咲きのアーチも夢ではありません。

枝の伸びやすい角度

植物はすべてそうですが、自然樹形があります。自然界での姿ではありません。周りに自分の障害となる植物がなく、光を充分に浴びて育った姿のことです。栽培する時には、自然樹形に近づけることで、手間が少なく仕立てることができるようになります。

枝が上に伸びているなら気にする人は少ないでしょうが、横に張りだしてくるとなると、狭い庭では気になるところです。これは育てはじめればすぐわかることなので、枝が張り出しやすい場合は広めの場所を確保して、冬に移植するか、剪定や咲きがら切りでコントロールします。剪定でコントロールする時は、真上を向いた芽を残すと横張りの木も上に伸びます。

ほとんどの品種の枝は上向きに伸びるので、つるを上に仮誘引すると素直に伸びます。斜めに伸びやすい癖がある品種は、やはり斜め上に仮誘引したほうがよく伸びます。伸ばしたくない場合には、きちんと固定せずに枝先をぶらぶら遊ばせておきます。

● 横張りの株をコンパクトに収める切り方

上向きの芽を先端に残して切る

上に伸びる枝を残して切る

丈夫さ、耐病性を観察する

　品種によってうどんこ病や黒星病など、病気へのかかりやすさや、ハダニなどのつきやすさが異なります。同じ品種でも、地方によって育ちやすさも変わるものです。情報は参考程度で、自分の庭で起きていることが事実です。

　うどん粉病にかかるバラは日当たりをよくし、冷たい空気の流れやすい場所から離します。黒星病は日当たりよく雨に当たりにくい壁際へ、ハダニは雨に弱いので雨の当たる場所や勢いよく水をかけられる場所へ移動してみましょう。それでも改善しないなら、薬剤を使用するか、品種を変えるかという選択になります。

　庭植えでは、木が大きいほど体力があるので、生き残りやすくなります。同じ品種でも、大きくする努力をするとよいでしょう。また、大きくなる品種ほど育てやすいので、大きくなっても支障のない場所に植えることが、庭づくりを楽にするコツです。

　手入れが必要なバラは、毎日必ず通る場所に植えて、日々目を配ります。早期発見に勝るものはありません。格段に育てやすいバラが増えてきました。手間のかからない新しいバラにも注目しましょう。

うどんこ病にかかりやすいバラ
日当たりをよくし、
冷たい空気の流れやすい場所から離す。

黒星病にかかりやすいバラ
日当たりをよくし、
雨にあたりにくい壁際へ移動する。

ハダニにかかりやすいバラ
ハダニは雨に弱いので雨の当たる場所や
勢いよく水をかけられる場所へ移動する。

バラを育てる環境

バラはとにかく日光が大好きな植物です。できるだけ長く日に当たるところで育てます。実は一定条件が揃ってさえいれば、家の北側でもバラを育てることができます。土壌や肥料の条件は、鉢植えの場合と庭植えの場合で大きく異なるので、それぞれ分けて考えていきましょう。

日光条件

バラは日光が好きなので、長い時間、日に当たるほうがよく育ち、たくさんの花を咲かせます。真夏の日中〜西日は必要とはいい難い面もありますが、当たらないよりは当たったほうがよいのがバラです。直射日光なら、葉のある時期に1日3時間も陽が当たれば育ちます。

たとえ、家の北側であっても、バラの周りに影を落とすものがなければ充分に育ちます。夏至の頃は、太陽が北寄りから昇って沈んでゆくので、意外と日差しを浴びることができる場合があります。一度でいいので、夏至の5時と18時に庭をひと回りして、日が射している場所を確認してみるとよいでしょう。葉がない時期はまったく日が射さなくても問題ありません。

北向きでも、バラに影を落とすものがなければ育つ

鉢植え

長所

- 地面のないところでも楽しむことができる。
- 生育がコントロールできるので、狭い場所でも育てることができる。
- 移動可能なので、日当たりの調整や雨よけ、寒さ除け、加温などあらゆるタイミングで目的に応じて生育が調整可能。
- 個体ごとに、鉢ごとに最適の管理ができる。
- 用土、肥料、水やりの量とタイミングを変えられる。弱った株は、水・肥料を控えたいので手当がしやすい。

短所

- 水と肥料は完全に栽培者にゆだねられた状況なので、手間がかかる。
  - → 潅水、追肥を必要に応じてやる。
- 用土が劣化するので、定期的に植え替えが必要。
- 根の伸びる場所が限られる。ほとんどの根は鉢の下方で淵に沿ってまとまっている。
- コガネムシの幼虫によって根が食いつくされることがある。
- 根が外気温の影響を直接受けやすい。鉢に西日が当たったり、日にやけたコンクリートにぽつんと置かれる状況は、根にとって大きなストレスになる。
  - → 周りによく茂った草花の鉢を置いたり、鉢に日が当たらないようにブロックを置いたりするなど気を配る。
- マイナス20℃ほどになると凍死する。
  - → 極寒地では株を鉢ごと土や雪の中に埋めて防寒する。

鉢での楽しみ方

- 鉢自体や鉢台で高低差をつけて、庭やベランダなどを立体的に演出する。
- 一番よい状態の鉢を、日替わりで目立つところに飾る。
- 軽くて安価で機能優先のプラスチック製かデザイン、耐久性優先のテラコッタを使うかを目的に合わせて変えられる。
- バラがいっそう引き立つような美しい鉢にポット苗を入れ、服を選ぶようにコーディネートを楽しめる。

鉢植えの長所と短所を知ったうえでどちらにするか検討したい。写真の鉢植えの中央は「笑み」

[用土]

よい培養土を使って植えます。バラ専用用土を使うと手軽です。さらに水はけをよくしたいなら赤玉土・鹿沼土の大粒、中粒をブレンドします。用土の粒子が粗いと水切れの心配はありますが、締まった株姿になりやすく、濃いめの肥料を与えてもすぐに抜けてしまうので、肥料やけしにくくなります。水持ちをよくしたいなら赤玉土の小粒やバーミキュライトを混ぜます。ただし、「水やりの手間が省ける」と、考えてはいけません。水が多過ぎると木は水太りしたり、間延びしたりしやすくなります。細かな用土は肥料の効きもよくなるので、肥料やけしやすくなります。

土にこだわるなら自分の生活リズム、自分の望むバラの姿、水やりや肥料やりが好きか、これらを総合的に判断して、ご自身に合った用土に調整しましょう。

注意する点があるとすれば、台木の種類です。一般に国産苗は日本の気候に合ったノイバラを台木に使っているので、水分が大好きで、水枯れに弱い性質があります。

まれに輸入苗が販売されていることがありますが、ヨーロッパ産であれば夏に雨が少ない気候に適応したラクサやカニナ台木なので過湿が苦手で、乾燥に耐える性質があります。その見分けは難しいので、外国語だけのラベルがついていれば、水はけのよい用土に植えておくと安心です。

[肥料]

鉢植えは水をやるたびに鉢底から余分な水分と一緒に肥料も抜けていきます。そのため生育期間中は追肥が欠かせません。化成肥料でも有機でも、自分と相性のよいものを選ぶといいでしょう。肥料が効きすぎると葉が大きくなりすぎたり、花びらの数が増えすぎて花のかたちが崩れたりします。

繊細な肥料管理なら液肥、手間をかけずに管理したいなら長く効く緩効性肥料がおすすめです。多肥栽培が好きな方は、緩効性肥料をベースに、生育に応じて液肥で追肥するとよいでしょう。

庭植え

長所

土の中は温度、湿度の変化が少なく、根が安定して伸びます。根が大きくなるほど地上部も大きく育ち、体力がつきます。根づいてしまえば、水や肥料をやらずとも枯れることはありません。鉢に比べれば、毎日の管理は断然楽になります。

短所

成長の制御がしにくく、一株ごとに差をつけて管理することができません。生育すると移植が大変なので、株間を充分あけて植えなくてはいけません。厭地が起きるので、バラが長年植えられていた場所に新しい苗を植える場合は、せめて根の周りだけでも新しい土にします。

楽しむうえでのポイント

- ガーデニングを意識した場合は木の大きさや広がり、つる仕立てなら使い方に合った品種を吟味してから配置を決めて植える。
- 植物は基本的に大きなものが勝つので、大きな体のバラと小さな体のバラを隣り合わせにしない。
- 季節ごと、何時から何時までどれくらい日光が当たるかといった環境を知っているとより上達が早い。

- 花壇全体を育てる感覚が必要。すべてのバラが育つように枝を整理したり、引き出したりしてまんべんなく光がすべての株に行き渡るよう交通整理をする。
- 鉢と違って、根同士が水や肥料を取り合ってけんかすることはまずない。体が大きく光を奪ったほうが勝つので、結果的にそう見える。

- 屋根から雪が落ちないか、人が通る通路が確保できるか、草取りなどの作業ができる通路があるか、手が届くかなどを考える。
- 土が育たないと、バラが目に見えて元気にはならない。堆肥や有機肥料を使い、土を毎年育てる。
- 木は日の当たるほうへ伸びるので、隣家や道にはみ出して伸びていかないか、考えて植える。

[土壌]

　庭土は、「生きた土を育む」ことでバラがよく育つ壌土になります。

　カチンコチンの硬い土でも、植物の根や無数の微生物、虫類、ミミズなどが土を砕いてから団粒にすることでフカフカの壌土へと育ちます。この土づくりの基本となるのが、大量の生きものを養う元となる、牛糞堆肥や馬糞堆肥です。植物にとっての肥料だけではなく、土の中の生き物すべての餌となり、連鎖の起点となるものです。熟成されたものであれば有用な微生物もこの堆肥の中に仕込まれています。

　自然界では草やぶ全体または、森全体で立体的に太陽の光を利用しつくして大量の草木が成長し、枯れることで土を肥やす元となるのですが、バラだけでは土に還元する量が足りません。そのため、冬に堆肥を補充する必要があるのです。堆肥はよいものを使わないとバラが育たなくなります。歴史のあるメーカーのものが安心して使えるのでおすすめです。

[肥料]

　土づくりも寒肥も、作業的には同じなので同時に行います。

　牛糞堆肥も馬糞堆肥も、肥料分が多いわけではありません。バラには濃い肥料分として油粕や魚粕などの有機肥料を冬に地中へすきこみます。酒でも味噌でも寒仕込みです。暖かいとさまざまな菌が急速に繁殖して腐敗してしまいます。これら生の有機質も熟成した肥料となるように、寒の時期に仕込むので寒肥と呼びます。たとえ醗酵であっても熱やガスが発生するので、これらの醗酵前の素材を寒肥として使う場合は、根を傷めないように根から充分離して与えてください。

　発酵済みの油粕を玉にしたものや有機の元肥専用肥料も有効です。これらは気温が高い春や秋に地表にまいて使えます。根頭癌腫病の菌は暖かくなると傷口への感染力が上がるので、暖かい時期に株元近くを掘ったり、刈ったりしないようにします。

2〜3ヶ所、40〜50cm離れたところに寒肥する

column 1

環境にやさしく丈夫なバラ

環境先進国ドイツではADR（Allgemeine Deutsche Rosenneuheitenprüfung）というユニークなバラの取り組みが続けられています。化学合成された殺菌剤を使わずにドイツ国内11ヵ所のテスト圃場で3年間生育を見るものです。ドイツは高緯度にあるので、北海道と同じくらいの寒さです。耐寒性と耐病性があり、そのうえでたくさんの花を咲かせるバラにADRの称号が与えられます。ADRはとても厳しく、時を経て丈夫とはいえないと判断された場合は、この称号が剥奪されてしまいます。

かつては、小花が咲く野趣に富んだバラが中心でしたが、近年急速にバラらしい豪華で香りもすばらしい品種がADRを獲得しています。日本での耐暑性も確認できたこれらの美しいバラを紹介します。バラのある暮らしが誰でもはじめられる時代がやってきていることを感じさせてくれるバラたちです。

ADR受賞品種

アライブ
ガーデン オブ ローゼズ
岳の夢
キャンディア メイディランド
グランデ アモーレ
クリスティアーナ
グレーフィンディアナ
スーリール ドゥ モナリザ
ソレロ
チェリーボニカ
ノック アウト
ノヴァーリス
ベル ロマンティカ
ポンポネッラ
マイ ガーデン
マリー ヘンリエッテ
ラベンダー メイディランド
ラ ローズ ドゥ モリナール
レッド レオナルド ダ ビンチ

Chapter

2

実践編

modern
roses

成木にするテクニック

いかに早く木を大きくするか、ということは栽培において大変重要なことです。
成木は人でいうと成人で、体格や性格が安定してきます。
この章では、バラをどのように楽しむかということを意識しながら、
効率よく木を育て、スムーズに枝を吹かせるための理論と
実践的なテクニックを紹介します。

成木とは？

　バラを成木にするために、まずは成木についてあらためて考えてみましょう。木には、幼木、若木、成木というように、その成長過程を表す呼び名があります。成木は、「成熟した樹形になった木」であることはなんとなくわかっていても具体的な説明はできない、という人も多いのではないでしょうか。鉢で育てるのか、庭で育てるのかによってどのような状態を成木というのか、違いがあります。

　植物は、初期生育は急激に大きく成長しますが、ある程度育つと成長の速度が落ち着いてきます。この状態になれば、成木といえます。目安としては、新苗（幼木）を植えてから4〜6年です。大苗（若木）とは花を咲かせてもよい成熟苗のことですが、人でいえば中高生あたりです。成人し、さらに心身ともに安定するまでにはまだ時間がかかるように、バラもこの時期は何かと手がかかります。成木は、人でいうと体格・性格が安定する30歳くらいというイメージを持っていただければよいでしょう。バラの中でも、つるバラは際限なく大きく成長するのではないかと思えるものもありますが、一般的な木立ち性のバラは、だいたい株の大きさが定まり、落ち着いてくるものです。

　品種によっても異なりますが、極太のシュートが4〜5本以上立つ、または株元から生えるシュートは少なくてもサイドシュートとなって株の高さの中央付近から極太の枝が生えてくるようになるのが成木かどうかを見極める目安です。根が充分張れる状態で、なおかつ厚く手をかけて育てた状態といえます。

　鉢では、根を張れる容量に限りがあり、長年栽培するには根の量にも限界があります。そのため地植えの場合のような特徴が出にくいものです。鉢植えであれば、株が元気でよく花が咲く状態であるなら、成木を意識しなくてもよいでしょう。

つぼみがつくと葉が増えない

多くの植物に当てはまることですが、株を大きくするためには葉を増やすことが最大のポイントです。特に四季咲きのバラの場合は、意識して手をかけないと、葉を効率よく増やすことができないので成木にしにくいのです。

もっとも効率よく葉が増えるバラは、野生のつる性種です。野生種は、一個体が一年に一度、一週間程度しか咲きません。そして丈夫な種であるほど長いつるを延々と伸ばし続けて葉を増やします。つまり花後は葉を増やして体力を蓄え、来年花を咲かせるために全力で生き残ろうとするのです。

完全な四季咲きのバラは、一般的な花木の中でも特に葉が増えない一群で特異な存在です。四季咲きだからこそ園芸的な価値も高いのですが、栽培では、ここに大事なポイントが隠されています。

バラの花は必ず枝の先に咲くのでよく目立ちます。枝の先に花が咲くということは、同時に太陽エネルギーを取り込む葉をつくることをやめて、養分を使う花や実をつくるということを意味しています。つぼみが枝先にできて咲くまでの約1ヶ月間、品種差はありますが、開花に2〜20日、この枝からは次の枝葉が生えないと思ってください。花のために養分を使い切ってしまい、新しい芽をつくり出す余力がないからです。

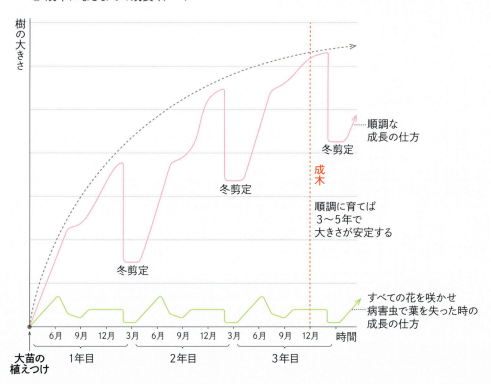

● 成木になるまでの成長イメージ

効率よく成木にする

「最速で木を育てる」、「弱った木を回復させる」ためには、人の手で野生のつるバラと同じになるよう誘導します。効率よく株を大きくするためには、つぼみが見えたらなるべく早く手でつぼみを摘み取り、次の新しい枝がスムーズに吹くよう促すことが大変重要です。つぼみが手で摘める若芽の状態であれば傷口も目立たず、若いぶん、早く適応して早く芽吹き枝葉が増えていきます。

一番花以降、つぼみがつくたびに成長が止まることは、栽培環境の面からいっても非常に不利です。冬は病気や虫が絶え、リセットされるので、春の一番花はこれらの脅威が少ないうちに咲くことができます。しかし、それ以降は虫も病気もどんどん増えて葉を失いやすい時期になりますから、生育が止まる期間が長いほど、被害が出やすくなります。

花を咲かせてもよい大苗でも、一番花の半分のつぼみを摘んで、葉を増やすように仕向けておきます。

無理なく生育する バラの登場

近年では低農薬、ローメンテナンスで生育するバラへの関心が高まり、丈夫な種類が増えてきました。花に費やす栄養よりも、葉を増やす養分が勝る品種ということです。

花後に実がついても次の枝を伸ばす品種、ベーサルシュートがつる化して長く大きく育つ品種、ベーサルシュートの花少なくすぐに葉のたくさんついた小枝を出してくる品種など、葉が増えやすくなりました。「つぼみができた＝生育停止」という基本的な状態に変わりはありませんが、バランスよく育つように改良されているのです。病気への抵抗力も合わせて改良されているので、今後さらにどのようなバラが登場するか楽しみです。

株を大きくするために、若いうちにつぼみを摘む（ソフトピンチ）

楽しみ方と環境

バラを育てるうえで、「こんな風にバラを楽しみたい」ということを意識したことはありますか？ バラに限らず、はじめて花を育てるという時、この「楽しみ方」をイメージせずにスタートする人が多いと思います。ほとんどの人のバラ選びは、「この花（顔）が気に入ったから」でしょう。もちろん純粋に花で選ぶのは基本ですし、気に入った花だからこそ手間暇をかけたくなるものです。しかし、本当は、人によってバラの楽しみ方は違うはずです。「このように楽しもう」ということに加え、栽培できるスペースや生活パターンなど「自分にできる範囲」がわかることで、バラと向き合うことが何倍も楽しくなります。

楽しみ方はいくつかあげられますが、実現したいことを大別すると、次の3パターンに絞られてきます。それぞれのパターンに対して、鉢植え・庭植えそれぞれに適性があります。

● 楽しみ方と栽培法の適性表

		鉢植え	庭植え
1.	株姿は気にしない、いい花を咲かせたい派	可能	可能
2.	株姿まで含めてバラを単体で美しく楽しみたい派	もっとも実現しやすい	場所が広いほど可能
3.	ガーデニングとして他の植物とともに楽しみたい派	混植不可 寄せ植えで可能	もっとも実現しやすい

バラを他の植物とともに楽しむには、庭植えがもっとも適す

楽しむコツ

鉢植えの場合

　根を切りつめて樹勢を調整したり、水やりや肥料、用土を変えて根の成長を管理したりと、根から枝先までをコントロールすることができます。同じ資材を使っても、人が違えば育ちが変わります。水やりや肥料やりには人によって「手癖」があるからです。

庭植えの場合

　手間をかけずに安定させるには、成木の仕立ての中でも最大の大きさにしてしまうことがポイントです。ただし品種によっては3m級になるので、庭が狭い場合は大きくなりにくくて丈夫な品種を選ぶとよいでしょう。栽培年数が経つほど、根のボリュームが大きくなり、勢いを抑え込みにくくなるので、小さく収めるには限界がありますが、庭での存在感や風格は抜きん出ています。

鉢植え・庭植え共通

　枝は切り方によって樹形が変わり、咲かせる花数や大きさ、咲かせる時期、揃い咲かせるか否かなどが調整できます。養分をどのように振り分けるのかということです。養分が集中するほど立派な枝となるので花も大きくなりますが、咲くまでに時間がかかります。枝の切り口の太さが揃っていれば、勢いも揃うので、同じタイミングで咲きやすくなります。少しずつ長く楽しむなら、切るタイミングを枝ごとにずらすことです。また、太さを気にせず日当たりの悪い枝ができないように切る方法もあります。これは、もちろん地上部と地下部のバランスによって育ちが変わります。

　根が大きいと、枝を少なくしても力があるので太いシュートが出ます。枝をおとなしくするには、根に蓄えた養分を休眠期に切って減らします。

同じ品種でも、木立ち仕立てやアーチ、オベリスク仕立てなどで楽しめる品種もある。左は「アンジェラ」、右は「ベル ロマンティカ」

column
2

樹形をつかむための観察

花の咲き方

　品種ごと一番花の花枝の長さや太さに注目します。自分好みの花がどのくらいの細い枝から咲くのか、どれだけ伸びてから咲いたのかを確認してください。細い枝を多く残して花数が増えても貧弱な花が咲いたのでは意味がありません。貧弱と思うつぼみは早く摘んで、充実した枝に養分を振り分けてあげましょう。

　どのような枝が咲かなかったのかも観察してください。細すぎて養分不足で咲かない場合と、勢いがつきすぎて長く伸びすぎて咲かない場合があります。細くて咲かなかったなら、次回から咲かせるために細かな枝を切り落として養分を集中させるのか、逆にもっと元気にするために葉をたくさん茂らせて養分を蓄えるように考えます。前者は手厚く管理して小さく仕立てる方法、後者は手間なく大きく仕立てる方法に向いています。

ベーサルシュート

　どれだけベーサルシュートの先に花が咲くのか、どれだけ伸びるのか、しなるのか。これがつかめればどんな品種でも、楽しみ方のイメージがわいてくるようになります。

　咲かないほど、葉が多いほど育てやすくなりますし、しなればつるバラとしても使えます。同じ品種でも環境やベーサルシュートの剪定位置を変えれば、木ぶり、花の大きさが変わります。この品種は花壇用など、おおまかな指標はあっても、全国で通用する保証はありません。「自分の目の前にあるバラがどのように育っているのか。」を看て手段を考えて、どのように応えてくれたかを楽しみましょう。

花壇用の品種でも、枝がこれだけやわらかいとつる仕立てにできそう

バラの楽しみ方の例

ガーデニングとして楽しむ

バラの樹形や大きさを見ながら美しく見えるように配置してゆきます。鉢植えならパズル感覚で、手前は低く奥は高く、色合わせや花の大きさの組み合わせなどが楽しめます。草花や樹木との組み合わせも鉢植えなら調整が可能です。庭植えの場合は、パズル感覚に加えて時間によって成長する大きさや花、葉の現れる時期を読みながら植えつけ、管理をします。自然の流れに反しない植栽であれば、手間も少なくなり、移植や小さく収める剪定などの手間を惜しまなければ、デザイン重視の華やかな植栽を楽しむこともできるでしょう。試行錯誤の連続ですが、でき上がりの充実感はたとえようもない喜びです。

[他の植物との混植]

バラに影を落とさないように植物の位置と種類、距離を考えることが重要なポイントになります。それぞれの好む環境を合わせ、自然な株のサイズを見込んだ植え幅、葉のある時期を調べて植えます。同じ地域でも土や、日当たり、管理者の手癖で植物の生育が変わってくるのがおもしろいところです。

[構造物]

園路もしくは花壇のかたちがわかりやすく区切られるように見えるものがあると庭らしくなります。家の外観や塀、オベリスク、彫刻などが加わると、さらに庭としての完成感が増し、人が集う場所になるでしょう。

コレクションして楽しむ

　たくさんの種類を集めたいなら、鉢植えがおすすめです。栽培数の増減や株間、場所の入れ替えが簡単にできます。つめ込むことになるので、樹形や花数ではなく、自分好みの花を種類多く咲かせることに重きがあります。

香りを楽しむ

　香りは、バラを楽しむ醍醐味です。強香のバラでも、香りが近寄らないとわからないものと、離れていてもわかるものがあります。近づいて香るものは、手の届く通路の近くがおすすめです。離れていても香りを感じるものは、切り花にすると部屋中に香りが広がります。これを花束やポプリにして香りをミックスすると、うっとりするほどの贅沢を味わえます。

暮らしに取り込む

　切り花にして飾ったり、フラワーアレンジメントにしたり、ジャムなどに加工したりするのもいいでしょう。生活にバラの香りを取り込んで楽しむのもおすすめです。バラのある庭でパーティを楽しんでもいいですね。バラが美しく咲く時期に、パーティを開けばみんなが幸せな気分になるはず。花がたくさん咲く品種や、長く咲き続ける品種を揃えると場が華やぎます。

こだわりの一株を楽しむ

　好きな花を最高の姿で楽しみたい、人を喜ばせたい、驚かせたいなら、実現しやすいのは鉢植え。根から枝先までコントロールすることができるので、若木のうちからかたちよく整えられます。鉢には、バラと合う鉢の素材や色、大きさ、かたちをセンスよく選ぶ楽しみもあります。庭植えの場合は、根まで調整するのが難しので、まず成木にして落ち着いてから。樹形よく、花つきよく、咲かせるポイントを探ります。剪定にセンスが現れます。

植えつけの考え方

バラは灌木です。灌木は一般に、株元から新しい枝が吹いて、主幹となり、古い主幹が順次枯れて数年〜十数年間隔で更新されてゆきます。
多くの灌木は株元が多少土に埋まっても、そこから根が出て適応し大きく成長しようとします。
バラも接ぎ口を5〜10cm埋めても生育します。
深く植えたことで台木の根だけではなく、自根が発生します。
接ぎ口を出して植える場合と、埋めて植える場合のそれぞれの長所と短所を知りましょう。

接ぎ口を出して植える場合

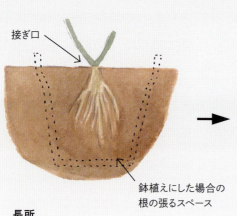

長所
- 深植えしなくていいので、植えやすく、深い鉢も必要ではない。

長所
- 接ぎ口からすべての枝が生えるので、一株が充実して見える。

短所
- 接ぎ口が出ているので、接ぎ口が凍害（-15〜20℃）や、雪害、カミキリムシなどの虫害で傷んだ場合に枯れる。

[積雪地斜面の木]

豪雪地の傾斜地では、バラの地上部は雪に流されながら刈り取られてしまう。

接ぎ口を埋めて植える場合

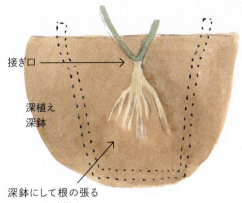

接ぎ口

深植え
深鉢

深鉢にして根の張る
スペースを確保する

長所
- 土の中はひどく冷え込むということはないので、寒冷地では接ぎ口が凍らずに越冬できる。
- 土中に枝が残るので、カミキリムシの幼虫（テッポウムシ）の食害での致命傷を負いにくい。
- 豪雪地の傾斜地でも、地下に枝を埋めておくと復活する。

短所
- 地植えではさらに大きく深い穴を掘る必要があり、鉢植えでは大きく深い鉢が必要。
- 台木からノバラが生えた場合は生え際まで掘って、台芽をはがし取る手間がかかる。
※台木を埋めることで台芽が出やすくなるわけではない。

短所
- 地面から小さな株が寄り添って生えているように見えるので、大きな一株に見えない。
- ハマナスのように原種やオールドローズの中にはサッカー（地中を這い広がる枝）が発生して、繁茂することがある。絶やさないためには長所ともいえるが、不特定の場所からどんどん生えてくるので、ガーデンデザインが崩れてしまうことも。

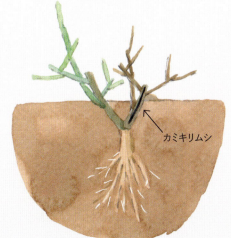

カミキリムシ

［カミキリムシの被害］

深植えの時はひと枝が枯れる。芽が残っていれば芽吹く可能性がある。接ぎ口に侵入されるとよほどの太さの株元でない限り枯死する。

株を育てる時の考え方

バラを育てている中でさまざまな作業を施します。
それが何のための作業なのかということを理解することが大切です。
株を育てる時には、大きくしたいのか、それとも適度に成長を抑えたいのか、目的意識を持ちましょう。
シュートの性質と反応を知ると、対策が見えてきます。

目の前のバラを見る

品種によって、また手入れの仕方によって、すくすくと成長する場合や、1本がひょろひょろと伸びる場合、全然大きく育たない場合などさまざまなケースがあります。

バラの本やカタログなどには、樹形や大きさなど参考になる情報が書いていますが、それはあくまでも目安であって、実際に育てたい場所で、本で紹介されているように育つかはわかりません。情報を踏まえたうえで、目の前にあるバラを観察して、どのようにするか考えましょう。

シュートの扱い① 切るタイミング

つぼみ、花、花がらを切るのは、葉の量の増減を左右する大切な作業です。タイミングによってどれだけ葉が増えやすくなるのか、週ごとの模式図にしてみました。

最近は2週間近く咲き続ける品種もあり、花がら切りがさらに遅くなることがあります。大きくしたい場合は、なるべく早くつぼみや花を切ることが必要になります。逆に成長を止めたい場合は、花がら切りを花びらが散りはじめる頃までしないことです。

● シュートを切るタイミングによる成長の仕方

〈 若いつぼみを手で摘んだパターン 〉

〈 見頃で切るパターン 〉

切り花として楽しむ

〈 実までつけたパターン 〉

〈 花がらを切るパターン 〉

花が長く咲くほど
遅れる

シュートの扱い② 花がらを切る位置

　花がら切りの位置も目的によって変わります。成長させたい場合は、一枚でも多く葉を残します。枝が長く伸びる品種ほど巨大になってしまうことが難点ですが、一番確実に花を楽しめる方法です。樹高を冬剪定で一気に小さくすれば木もあまり弱りません。

　抑え込みたい場合、樹高を低くしたい場合は、大きな葉を2枚残して切ります。大きな葉が2枚あれば次の花を咲かせることが可能だからです。ただし、植物は切るほどに弱るので、この方法をとる時には、①元気な株であること、②残り少ない葉を次の花が咲くまで落とさない管理をすることが必要です。とても丈夫な品種か、栽培に自身のある方は、ぜひチャレンジしてみてください。締まった樹形に仕上がります。よくわからない時は、ひとまず中央で切っておきます。

● 花がらを切る位置

房咲きの花がら切り

　一輪ずつ花がら切りをするのが理想なのでしょうが、房全体を一気に切るのが現実的です。早く樹高を伸ばすなら、花首の節や葉を残しておきます。

● 房咲きの花がらを切る位置

ここは花や細い枝の出る時と太い芽が出る時がある。樹高優先とするなら、残して様子を見る

房咲きの場合、ここには芽がないことが多いので、Aで切った後に余分な枝が生える心配がない

この葉を残すためにAで切る

ベーサルシュートの扱い ①

　ベーサルシュートとは、株元から生える太い枝のことで、今後長く株の中核をなす大切な主幹となります。すべての品種は若い充実した株であれば、本数、太さに個性はありますが、ベーサルシュートが生えます。

　若木のうちにベーサルシュートが生えてこない場合は生育に何かしら障害があったはずです。以下を見直しましょう。

- 葉や根の病気・虫
- 葉を増やすための蕾のコントロール
- 株の置かれた環境
- 根の環境
- 肥料不足（特に鉢植え）

　5年以上の古い株であれば、よく咲いているのにベーサルシュートが生えてこないことがよくあります。品種によっては株が古くなると、株元から生えずに地上50cm以上高いところから同様の太い枝が生えます。これはサイドシュートといい、品種の癖（性格）なので、ベーサルシュートが生えなくても気にする必要はありません。

株もとから新しいベーサルシュートが生えなくなり、サイドシュートで更新しているタイプ

株もとから新しいベーサルシュート（赤茶色の枝）が生えて更新するタイプ

一季咲きつるバラと四季咲きシュラブ

ベーサルシュートは、完全一季咲きのつるバラでは、長いつる状に伸びて咲くことはありませんが、四季咲きシュラブなら長いつるの先端に花が咲きます。花つき重視で改良された品種ほど、大きな房咲きになってものすごい数の花を咲かせます。

完全一季咲きの
つるバラ
「ツル シャルル ド ゴール」

四季咲き
シュラブ
「スーリール ドゥ モナリザ」

葉も多くつく
四季咲き木立
「レモン&ジンジャー」

葉よりも明らかに花数が多い、
四季咲き中輪木立
「イングリッド ウェイブル」

ベーサルシュートの扱い ②
確実に伸ばす

つる性、半つる性では気にする必要がまったくありませんが、ベーサルシュートが房咲きとなる品種の場合、次のことに気をつけましょう。

①ベーサルシュート一本をとってみれば、ベーサルシュートの葉だけでは養分が足りない量の花が咲くので株が弱る。

②株が大きくなるとベーサルシュートが低い位置で咲きだすこともあり、自身の影で光不足となり、自滅してしまうことがある。

③巨大な房咲き枝なので、枝分かれの元には芽がない。花房が大きいほど、枝分かれした細い枝先にしか芽がなくなり、剪定の時に切りたい位置によい芽がないことがある。

①〜③を回避するために、枝分かれがはじまる前の相当早い段階で芽先を手で摘み取り（ソフトピンチ）、太い次の枝を吹かせるように誘導する。

これにより、❶〜❺のメリットが生まれます。

❶花が咲く養分を次の枝をつくるために使えるので、葉が増えて元気になる。

❷二段目、三段目の枝へとつなぐことで長く伸び、光がよく当たる場所まで伸ばすことができる。

❸上から下まで連続して葉がつくのでよい芽がシュート全体につく。切る位置で迷うことがなくなる。

左手の部分で
ソフトピンチした

❹傷口がとても小さくてすむので、傷から病気が入りにくくなる。

❹のベーサルを
摘んだ後の傷口

❺葉のない時期の樹形が美しい。

摘むタイミング

　問題となるのは、「いつ摘んだらいいのか」です。枝分かれする前に摘むのがベストですが、品種や生育状態によってそのタイミングは異なるので「何cm伸びたら摘みましょう」とはいえません。これぱかりは品種と向き合って、品種に教えてもらうしかないように思います。一度どのくらい伸びたら房になりだすのか観察してみてください。房咲きになることがわかってから処理する方法もあります。

　笑い話になってしまいますが、新人がベーサルシュートの処理をしたら、つるバラやシュラブのベーサルシュートまで摘んでしまったことがあるそうです。咲かせないために摘む作業のはずが、咲かないものまで摘んでしまったのです。それにより、順調に葉が増えることの邪魔をしてしまうという逆の結果に。ベーサルシュートが房で咲く品種か、長く伸びる品種なのか、確かめることが大切です。

ベーサルシュートの扱い ③
枝分かれしてからの対処

枝分かれしてからつぼみを摘むタイミングは、側枝が芽吹いて早々に行うのがベスト。余分なパーツをつくらずにすみ、養分を効率よく次の枝に切り替えることができます。

1) 枝が分かれして間もない

はさみで房の下で切る。ただし、大きくよい葉が極端に減る場合だけ、脇枝を摘んで葉を残す。

2) つぼみがはっきり見える

房の芯を抜き、太めの脇枝についた葉を残す。写真の場合は、残した枝に葉がたくさんついているので咲かせることができる。側枝に葉がないなら、すべてのつぼみを摘んでしまう。

房の芯を抜く

太めの脇枝についた葉を残す

3) 芽吹く準備が整っている

枝が硬くなったところで切ると、寝ている芽を起こす時間が必要になる。また、日の射さない位置まで深く切り戻すと、芽が出る前にベーサルシュートが弱ってしまうことがある。切り戻すより先端の芽のほうが芽吹く準備が整っている場合は、そちらを優先して、確実にベーサルシュートを生き残らせるようにする。

ここでは芽吹いた場所がわかりやすくなるように実をつけてあるが、現実にはつぼみだけを摘んで芽を吹かせる

ベーサルシュートを咲かせる?

ベーサルシュートを絶対に咲かせてはいけないともいい切れません。ベーサルシュート1本だけを見れば、生産量よりも消費量が勝るように見えますが、株がとても大きく成長していれば、株としては見合う花の量かもしれません。若木のうちほどベーサルシュートが占める割合が高いので、咲かせてはいけないと思いますが、大きな株に1本ベーサルシュートが咲いてもダメージは少ないように見えます。

葉を病気や虫で失わず、元気な大株であるほど咲かせてもかまわないと思います。もちろん花は咲かせないほうが木は元気になります。葉を多く残せる品種や、技術が向上したら遊んでみてください。

ただし、つぼみが一気にたくさん咲くほどに養分が分散して花は小さく花びら少なくなりがちです。豪華な大輪種には向かないと思ったほうがいいでしょう。

● 咲かせてもよい場合のベーサルシュートの量比

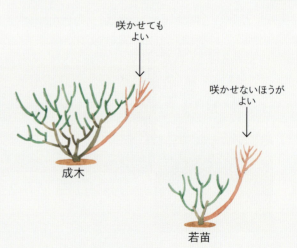

column
3

大きくなるバラのシュート

植物は大きいほうが生き残りやすいので、大型の品種ほど丈夫で手入れが行き届かなくても生き残るという傾向があります。そういった意味では、大きくなったバラを小さくするためにはベーサルシュートが根元から出ないという癖は、ありがたくないかもしれません。小さくするには、10年前後経った古い主幹を切り戻すことになります。仕立て直しの感覚であれば、初冬に地際5〜10cm残してバッサリ切ることも可能です。この場合は、春にいきなりベーサルシュートが生えてくるので、花の時期は遅くなります。花もたくさん咲かせないように調整してください。株のボリュームが激減するので花は極端に減ります。

注意しなくてはいけないのは、切り戻した高さでも日が当たるか確認してから切ること、切り戻しはモミジなどが紅葉する時期程度、剪定としては早いタイミングに施すことです。芽吹く予定のない芽を無理に起こすのですから、芽吹くための準備期間を長くとりましょう。

結果としては、大きくなるバラはやはり大きくならないと花つきがよくなりません。無理に毎年切りつめると花もたくさん咲かず、株の寿命を縮める結果になりがちです。抜本的に解決するには、思い切って品種を変えることが現実的な策になります。

大きく、背が高く成長するバラ、「クリスチャン ディオール」

樹形を決める要素

樹形は品種によって癖があるので、意識的に剪定しないかぎり、
品種ごとに同じ樹形になります。ここでは、樹形を決める要素を解説します。
項目ごとに振り幅を持たせていますが、いずれかにも分類されず、断続的に中間的な品種もあります。
このような視点があると栽培するうえで応用がきくので、バラを観察するときの参考にしてください。

要素① 枝の長さ

　春の一番枝が長く伸びるものは大型化し、反対に春の一番枝が短いものはベーサルシュートがつる化しなければコンパクトにおさまります。ベーサルシュートがつる化した場合は大きくなりますが、春の花が短い枝に咲くので、誘引したかたちがぼやけず、開花した時に幅（奥行き）をとらず、優秀なつるバラとして使えます。

要素② 枝のやわらかさ

　枝が硬ければ、枝の伸びる方向に忠実に伸びます。この時、枝が太くて長いほど、剛直で男性的な樹形になり、枝がやわらかいほどしなって、女性的な樹形になります。

　枝の硬さと花首の硬さは一致しないことがよくあります。枝が剛直でも花はくねっと横向きに咲く品種もあるので、咲き姿と樹形はわけて考えましょう。

要素③ 枝が伸びる方向

　品種によって、枝が芽吹く方向はおよそ決まっています。芽が天に向かって伸びれば、細身で幅をとらない縦伸びする樹形になります。切り花用の品種は、まっすぐ伸びたほうが箱にたくさんつめられるので輸送の効率がよく、コストが抑えられるのでこれは好ましい樹形といえますが、これを庭植えにした場合は、株の上部に花がかたまって葉だけが目立つ樹形になってしまいます。芽が水平に近いかたちで伸び出せば、横張りで高さの出にくい樹形になります。

　庭植えの場合は、ある程度こんもりと茂り、花の面が広くなったほうが豪華な印象を与えます。また、枝が広がったほうが葉同士が重なりにくく、効率よく太陽エネルギーを吸収することができます。

　実際のガーデニングではこのスリムな樹形をこんもりタイプの樹と合わせて変化を楽しんでデザインします。

要素④ 枝の寿命

　ベーサルシュートの寿命で、樹形が変わります。株元からベーサルシュートがよく生える品種は樹形が変わりません。伸び上がっていかないので、腰の据わった樹形になります。また、こういった傾向のバラは、木というよりは草寄りの性格なので、調子がいい時はたくさんの枝が生えますが、ダメになる時は一気に衰退します。

　長生きするものは、樹木寄りの性質。株元からのベーサルシュートは滅多に生えず、年々木が太くなります。木の中央付近からサイドシュートが出て枝先での更新が行われます。木が大型になりやすく、上部で枝が細かく分かれてたくさん咲きます。木が高くならない場合もありますが、株元は空いてしまいます。空いてきたら、バラに影響がない大きさの草花や灌木でカバーして空間をいかしましょう。

バラの株元をほどよく埋める、中〜大葉系のギボウシとカワラナデシコ

要素⑤ 仕立て

　特にシュラブ系のベーサルシュートの処理について考えます。ベーサルシュートのかたちは、典型的な木立性では房咲き、典型的なつる性では一本長く伸びてつるとなります。中間型となるシュラブ（半ツル）は、品種によってそれぞれ中間型の程度が変わってきます。品種によっては、栄養状態次第で房にもつるにもなるものもあります。

　シュラブは元気になるほど、ベーサルシュートがつる状に長く伸びやすく（咲きにくく）なり、葉が増えてさらに元気になります。つる仕立てにすると、さらにつる化が進みます。逆につるになったベーサルシュートを短く切って弱らせると、花が咲きやすくなります。四季咲き性が弱い品種では難しいですが、基本的に弱るほどに咲きやすいものです。

　肥料が少ない、夏に葉がなくなる、生育期に深く切る、根が充分伸びない環境、生育期間が極端に短い地域などは、植物が弱る原因となります。生育旺盛なシュラブであれば、これらがきっかけで四季咲き性を発揮することがあります。つまりシュラブは仕立てや環境で樹形がつるにも木立にも変化するのです。

剪定の考え方

「剪定」という言葉にはたくさんの意味が含まれており、目的に合わせて適切な時期に行うことが重要です。同時に剪定は、バラと向き合う時間でもあります。「剪定は必ずするもの」という固定観念を見直して、なぜ切る必要があるのか、または切る必要がないのか、という視点も持ちましょう。

切る＝ダメージ

　剪定する、つまり枝を切るということは、基本的に株を弱らせることです。バラが弱っていたら、切ること自体を見直しましょう。植物は伸びたいように伸びてこそ元気に育つものです。切られるということは、自然災害で枝が折れた時と等しいダメージを与えることなので、必ず剪定をする、というものではないということを常に念頭に置きましょう。

　植物は、種や品種によって安定した大きさやかたちが決まっているもの。その大きさで管理すれば、手はかかりません。のびのびと育てていては場所に限界があるという場合は、花がら切りと剪定で小さくしますが、手入れをしっかりしないと株が弱ります。

　体力やスペースに限界があれば、品種そのものの見直しも考えるとよいでしょう。

剪定の目的はさまざま

　剪定の大きな目的は、「樹高管理」と「立派な大輪の花を咲かせる、中小輪の花をみっしり詰めて咲かせること」にあります。これに加え、「枯れ枝の掃除」、「明らかに枯れる枝を芽吹かせないようにして体力を温存させること」。さらに、「植物間の勢いを整える、冬の樹形を美しく見せる」といったこだわりの方のテクニックまであります。

　このように、一言で「剪定」といっても、その目的はさまざまです。剪定は同じ時期に行うので、目的を混同しがちです。自分が何の目的でこの枝を切るのか考えましょう。

　いずれにせよ、生えて1年以内のよく締まった元気な若い枝に次の年をゆだねます。目的に沿って芽ぶかせやすいからです。3年以上経った枝で切っても思ったように枝が出ないものです。

剪定の目的と時期

1) 枯れ枝を除く

    時期：そのつど行う

2) 木のかたちを整える

    時期：
    - 花がら切りはそのつど行う
    - 大きな切り戻しは3に合わせる

3) 樹高を目的の高さに近づける

    ※ただし品種によって困難な場合あり

    時期：
    - 一番花が咲く2.5～3.5ヶ月前の休眠期
      関東以西平地は1月末～2月中旬
    - 秋花が咲く1.5ヶ月前（北国は不要）
      関東以西平野部9月上中旬（株が元気で、夏バテせず芽が伸び続けている場合のみ可能）

4) 大きく立派な花を確実に効率よく咲かせる
   または、小さめの花をたくさん
   効率よく締めて咲かせる

    時期：3と同じ

5) 病気で数ヶ月以内に枯れそうな枝、
   裂けて皮一枚でつながっている枝があれば、
   切って余計な養分を
   使わせないように仕向ける

    時期：3と同じ

6) 元気な若い枝の成長を
   鈍らせる衰えの感じられる古枝を除き、
   世代交代を早める

    時期：3と同じ

7) 枝が互いに擦れて傷つけ合いそうな部分、
   枝同士が密に重なって光合成の効率が
   落ちている部分があれば、
   なるべく太く若い枝が優先して育つように
   交通整理をする

    時期：3と同じ

若い枝をいかすために古い枝を切る世代交代。サイドシュートを更新する剪定

このような木は元気でも更新すべき若枝がないので、枝先を整えるだけにとどめる

生育期の剪定

[夏剪定]
- 無霜地は10月上〜中旬
- 温暖地は9月上旬
- 寒冷地は不要

　気温が高い時期にはベーサルシュートやサイドシュートといった世代交代のため太い枝以外は短く細い枝が多く生える。花も小さくなり、花びらの枚数が減り、花のかたちさえ変わってしまいます。暖かい地域は生育期間が長いので、ひょろひょろと高く伸びてしまい、木のかたちがだらしないように見えます。枝も元気なものと弱いものの差が出て株のかたちが乱れてきます。

　再び気温が下がる時期にじっくりとつぼみが育つと花が大きくなり、花びらの枚数も増えて豪華な花が咲きます。

　そこで、「完全な四季咲き」というバラ特有の性質を利用して、これらを一気に解決するテクニックが考え出されました。秋に、木のかたちよく、低い位置で大きな花を咲かせるためのテクニックが夏剪定です。

　夏の細かな枝を切り落として、太い枝が出ていた頃（二番花の元や、一番花の先）の枝まで切り戻します。休眠期に剪定する場所（一番花の元）まで深く切ってはいけません。

　細い枝から太い枝が出るより、低く切り戻して太い枝から太い枝を出したほうが自然で見栄えがします。この時、光が当たる場所の細かな枝は手をつけないほうが株を弱らせずにすみます。細かな枝を除くことは目的と関係ないからです。咲きそうな太い枝だけ切り戻す。切りすぎないことが生育期の剪定の基本です。そもそも落葉樹の剪定適期は休眠期。生育期の剪定はリスクが高いテクニックなので初心者にはおすすめしません。

[夏剪定の注意点と効果]

　元気に生き残っている品種には、大型の品種が多いものです。秋に見上げるほど高いところで咲くので、夏剪定で低く切って咲かせたくなる気持ちもわかります。株を元気に保つには深い切り戻しは極力避けたいところです。背が高いものは無理に切らず切り花として屋内に飾ってお楽しみください。
バラを生育期に深切りして弱らせる理由は、一気に大量の葉を失うと葉を支えていた活発な白根も必要なくなり、ほとんどの白根が枯れてしまうことです。再び成長するには白根も復活させなければならないので、切った後の木の中に充分な養分が貯め込まれていないと根と芽を同時につくることができないのです。

そのためか、新しい芽が吹いている、枝が伸びている、つぼみが出ている、花が咲いている、など、成長が活発に見える状態にない枝を深く切ると、そのまま次の春まで枝が芽吹くことなく寝てしまうことがあります。切らなければ秋に成長していたものを夏剪定によって止めてしまった結果になります。

成長期は、芽吹く準備ができた芽から順次伸び、頂芽優先という性質から枝先の芽だけが伸びがちです。この性質を念頭に置いてパズルを楽しみましょう。

同時にたくさん咲かせたいなら同じ太さの枝が多く残るように、たくさん咲かせたいなら細かい枝を多く残すか、枝の基部の芽の塊を利用します（p.66 C 参照）。大輪の花ほど太い枝がないと咲かないので、太い枝で芽の間があいているところを狙います（p.66 A 参照）。

剪定する際にどれが春以降伸び出した枝か見分けるにはとげを見ましょう。とげは冬の間に枯れて白く乾いています。白いとげのある枝から伸びているのが春以降伸びた枝です。

冬の間に枯れて白くなったとげのある枝と春以降にその枝から伸びた新しい枝

切り口は傷

枝を切った傷口は、病気などが入り込みやすいものです。人と同じで、切り口がなめらかで、傷が小さいほうが治りは早いです。切れる刃物で断面が小さくなるように切りましょう。片刃の剪定バサミは刃の付いていない受け刃が枝を潰します。よく切れる刃物でも残したい枝に潰し傷を付けないよう、受け刃は切り捨てる枝側に当てましょう。

芽には、病気への抵抗力があります。芽の周り7mm強の範囲は抵抗力があるので、枯れ込みがこの範囲で止まります。ただし木化していない髄（枝の中心にはしるスポンジ状の部分）が大きいほど抵抗力が弱いので、極太の枝になるほど傷口から枯れやすくなります。

● 切り方による傷口の違い

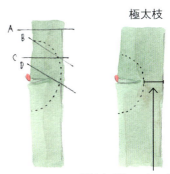

極太枝

抵抗力が弱いエリア。木化していないとここから病気が入る。

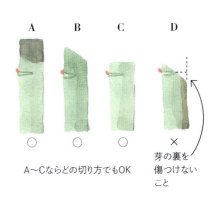

A～Cならどの切り方でもOK　芽の裏を傷つけないこと

休眠期の剪定

[冬剪定]
- 無霜地1月下旬
- 温暖地1月末〜2月中旬
- 寒冷地3月末〜4月上旬

　剪定することで、芽吹く予定のない芽を動かすので、3週間は芽吹くまでにかかります。そのため暖かい地域では剪定後3週以降に小春日和など暖かい日が続くと芽が動きます。動いた芽は寒さに弱いので、いい芽が傷んでしまいます。

　温暖地以南は大寒以降の剪定が安心です。積雪地では雪解け水が枝を濡らし続けると剪定傷から病気が入って枯れ込むことがあります。雪囲いを解いた後に剪定することを考えて、枝は長く残して雪囲いをしてください。

　冬の剪定のよいところは、どこで切っても枯れないことです。すでに葉がなくなっているので、剪定しても白根は傷みません。1年未満の若い枝は、どこで切っても3週もすれば芽吹く準備が整い、準備期間が長いほど、いつでも芽吹くことのできる芽が枝先から元に向かってどんどん溜まってゆきます。すっかり古くなった10年前の枝も、ひと月以上の時間をかければ芽吹く準備ができます。

　極端なことをいえば、品種部分が5cmも残っていれば株元からの剪定（伐採）もできます。ただし、いくら芽が伸びる準備ができても動き出すのは各枝の頂芽が優先で、大量に芽吹いてもよく日に当たり続ける芽だけが生き残って伸びてゆきます。そのため、剪定した枝先から伸びた芽にはすべて光が当たるように切り、葉が茂った後に日が届かない株の奥の小枝などは整理して芽吹かせないように仕向けます。

養分を集中させるための冬剪定

冬は葉がないので、枝の混み具合、更新の必要性などわかりやすい。写真は充分咲く枝だが、若枝の成長を助けるために抜いたもの

養分を分散させるための冬の誘引と剪定

［伸ばしたい方向に生やす］

　バラの枝は、芽吹いた方向にまっすぐ伸びます。途中で光が当たる方向に向かって曲がって伸びることはまれです。光がよく当たる枝がよく伸び、当たらない枝は生育が止まります。ここで頂芽優勢の性質を利用します。枝を伸ばしたい方向に向かった芽を枝先に残すことで、目的の方向に芽を伸ばすように仕向けることができます。

　狙いを定める時は、伸びた先に新しい葉を広げる空間があるか、光が当たるかを確認しましょう。応用すれば、通路など人が通るところに枝を出にくくすることができます。

　株の中心方向に向かう芽を「内芽」、株の外側に向かう芽を「外芽」といいますが、実際は横向き、上向き、下向き、と全方位に芽があります。伸ばしたい方向と品種によって伸びる長さを想像しながら剪定します。剪定は養分の「分散」と「集中」に加え、枝の配置を創造するパズルといえます。ぜひ、このパズルをお楽しみください。

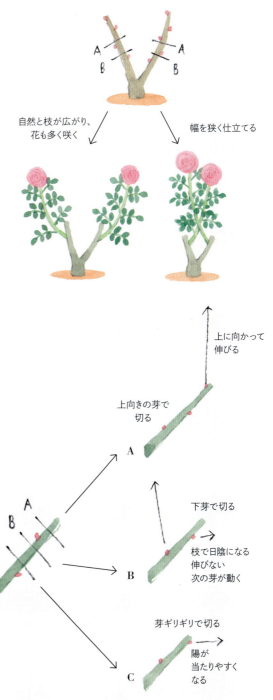

● 枝を伸ばしたい方向に伸ばす方法

自然と枝が広がり、花も多く咲く

幅を狭く仕立てる

A　上向きの芽で切る　上に向かって伸びる

B　下芽で切る　枝で日陰になる　伸びない　次の芽が動く

C　芽ギリギリで切る　陽が当たりやすくなる

若苗の剪定

大苗を植えて1年目の「快挙」を選定します。
周りに宿根草を植える予定なので、まずはバラを草花に
負けない高さに育て上げることが目的です。
低く咲かせるためなら新しいベーサルシュートを
20cm残して切り、古い枝を抜きます。

1 本来咲かせないほうがよいベーサルシュート。薬剤散布に助けられて株自体は元気な状態です。

2 まずは房の芯が混み合っているところを抜きます。

3 なるべく高い位置からいい芽を吹かせて、長く高く伸ばしたいので、同じ太さの枝の高さが揃うところで切ります。

4 高さを揃えて、芽吹きを揃えるように仕向けます。

5 混み合った枝を、元から抜きます。

6 5と同様に作業。この細かい枝は咲かせずに葉をたくさん茂らせるためのものです。

3と同様に作業。ここで養分を稼いで、より太いベーサルシュートを吹かせます。

混み合った枝を抜きます。そのためには影になって育たない枝がないようにします。

3と同様の作業をします。

同じ太さの小枝が均等に揃ってきました。

最後の一枝も揃えます。これで養分生産工場のでき上がりです。

「この枝は咲かせようかな」と考え、高さを11に合わせて切りました。

もう1本も咲かせてもよさそうな太さなので同様に。

ベーサルシュートに囲まれ、草花の影になる古枝は切って余分な芽を吹かせないようにします。

完成です！

成木の剪定

植えて10年以上経った「伊豆の踊り子」の剪定をします。
充実した枝ばかりなので、均等に枝を振り分けて
大きな房で咲くようにします。
中央にベーサルシュートもあります。

1 まずは枯れた枝を根元から抜きます。握力のない方は無理せずのこぎりで切りましょう。

2 更新する枝を残し、枯れ枝を抜きます。受け刃は上に。

3 枯れ込みのある部分を抜きます。残して咲く枝もありますが、混んでいるので抜くことにしました。

4 一番花の元を5〜6芽残しています。芽が伸びる先に空間がある2芽を頂芽にすることにしました。

5 一枝終了。太い枝から順に3芽、2芽、1芽、吹く予定で芽を均等に残しています。

6 せっかくのすばらしいベーサルシュートが小枝で傷つきそうなので、小枝を抜きます。

7／葉がたくさんつくタイプのベーサルシュート。まずは混み合う房の芯を抜きます。

8／枝が均等に配置するように、かつ高さを揃えて光が均等に当たるように切ります。

9／別の枝です。太くていい枝3本を均等に配置しようと思います。細い1本を抜きます。

10／残してきた枝とバランスをとってベーサルシュートの高さに合わせて切りました。

11／樹高が高いバージョンの完成形。均等に枝が広がっています。草花と合わせるにはこのくらいの高さが安心です。

12／参考1／樹高を抑えて、花数多くするならここでも切れます。

13／参考2／先ほど3本均等に残した枝の最上部が高さの基準です。

14／参考3／これに合わせてはさみを入れました。ベーサルは勢いのよい枝が出るので、多少低くても大丈夫です。

15／参考4／完成！ 11より30cm下がりました。周囲にバラがなければ花数は減りますがもう20cm下がります。

養分の集中と分散

樹高を低くすることで、養分の集中と分散が同時に達成されてしまうところもあるので、
なんとなく剪定している人が多いのではないでしょうか。
しかし、「意識して」切るかどうかを決めることによって、仕上がりに違いが出てきます。
こだわりを持って、なぜ切るのか、切る必要があるのかを考え、
春の咲き姿を描きながら切りましょう。

養分を集中させる

　春以降に伸びた若い枝であれば、狙った芽を吹かせやすいので、どの枝をどこで切るのか考えやすいでしょう。

　養分が集中すれば、花が大きくなり、花びらの枚数も増えます。そのため過去のハイブリッドティーを豪華に効率よく咲かせるためには、剪定のテクニックが必要でした。

　いくら養分が集中しても、花が際限なく大きくなるということではなく、同じ季節に咲く花の最小のものと最大のものを比べると、直径が3割くらい増減する程度です。

　房咲きの品種は養分が集中すると、花の大きさよりも、つぼみの数が増えて房が大きくなります。中輪房咲きの場合は、株全体が色に染まるように均等に咲かせたいので、養分の集中は控えめにするのがベストです。

　いくら養分を集約しても花の大きさにも、房の大きさにも限界があり咲き方は、品種によっても変わります。また、株の状態や成熟具合でも変わります。栽培の本の剪定では無難なラインか、一株の実例です。後は育てる人の目的によって調整します。

　樹高を優先するのか分散を優先させるのかなど、楽しく悩んで、実際に切ってみて結果を待ちましょう。

枝数で見る
養分の集中と分散

　木全体で考えると、深く切るほど枝の数は減ります。枝の先から芽吹くので、枝数が減るほど養分が集まって太い新芽を確実に望んだ場所から吹かせるように剪定によって仕向けることができます。

　この"程度の違い"が、大輪種と中輪種の剪定の差になります。

● 養分の集中を示す模式図

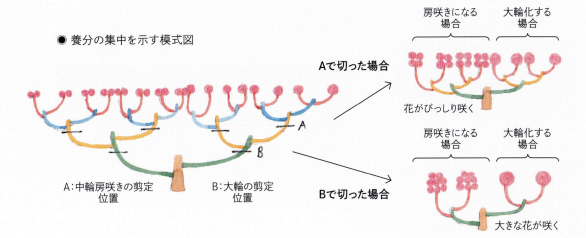

A：中輪房咲きの剪定位置　B：大輪の剪定位置

半つる性のベーサルシュートの養分の集中と分散

　ベーサルシュートは長く伸びるぶん、養分にあふれています。一年に数回咲き戻る品種であれば四季咲きの性質があるので、短く切りつめても、切り口近くの3〜8芽が吹いて豪華に咲き誇ります。

　養分を分散させるには、長いシュートを横に寝かせて頂芽を枝全体に広げます。寝かせた枝の中でも、上向きの芽が優先して伸び、下向きの芽は動きません。いくらベーサルシュートやシュートが長くても、葉が粗くついている場合は結局芽数が少ないので、分散の効果は見込めません。もちろん曲げられないほど硬く太い枝の場合は、分散させることはできません。

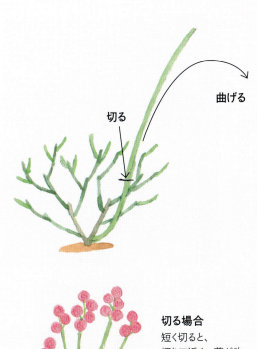

切る場合
短く切ると、切り口近くの芽が吹いて豪華に咲く

曲げる場合
芽間が短く、芽が多いほど枝を曲げることで分散できる

頂芽優勢を利用する
養分の集中と分散

　頂芽優勢なので、芽と芽の間隔が離れていてれば先端の一芽が芽吹き、芽を準備する期間が長くとれれば、力のある太い枝なら先端の三芽くらいまで芽吹きます。

　芽の間隔が1cm程度しか離れていない場合は、頂芽優勢の効果が弱まり分散するので、同時に複数の芽が動くことも期待できます。芽がぎっしりと固まっている枝の生え際で切ると、芽の準備期間が短ければ副芽が優先して生え、じっくりと時間をかけて芽を膨らませれば生え際に潜んでいるたくさんの芽を吹かせることも可能です。この芽は品種によって存在しません。この場合は、副芽だけが伸びます。

A

芽の間が長いと先端に養分が集中しやすい。大輪種向きの剪定位置

B

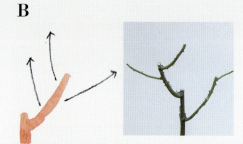

芽間が短いと分散しやすい。中輪、房咲き種向きの剪定位置

C

副芽が健全だと、副芽も動く。無理やり分散させる方法。花への集中以上に枝が伸びすぎる品種向きの剪定位置

複合的に分散させる例

枝数を増やして咲き数を増やすように仕向ける。養分を集中させても、枝が長く伸びて花数が増えない品種で試してみてほしい。混んだ芽は、あえて太い芽を欠くのも有効

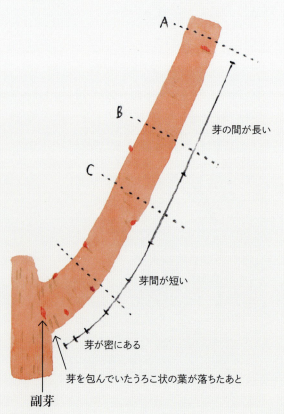

A
B
C
芽の間が長い
芽間が短い
芽が密にある
芽を包んでいたうろこ状の葉が落ちたあと
副芽

芽が出た後の養分の集中と分散

植物の芽吹きは、膨大なトライ&エラーによって育つ芽が決まります。私たち人間からすると、無駄に見える芽がたくさん出るのです。まずは、「ここに枝が生えても数ヶ月後に葉が混み合う」とか「周りに葉が茂って育たなくなる」と思われる芽を摘んで、そのぶんの養分を他に回します。そのうえでさらに養分を集約するか検討します。

バラの芽は葉のつけ根にありますが、ひとつの芽は主芽の両脇に小さな副芽のついた3芽1セットになっています。確実に大きな花を咲かせるなら、主芽と同時に伸び出した副芽があれば欠いて、主芽1本に養分を集中させます。芽が大きくなってからでは意味がありません。タイミングが大事で、芽出し後に間髪入れずに作業しましょう。

ただし、本来副芽は予備芽なので、一斉に芽吹くのは「養分をあえて分散させて花を咲かせず、なるべく多くの葉を出して元気になりたいのではないか？」と思えることがあります。咲きたくない株を芽吹きによってたくさん咲かせてしまうのですから、弱らせる結果になります。無理させて咲かせた株は手入れをしっかりしましょう。

中央が主芽、両脇が副芽。集約する時は副芽を欠きとり、分散する時は残す。細かな枝を増やして咲かせるなら、もっと早い時期に主芽を欠くのも手

アメリカ研修中の思い出話

「ピース」の大苗を鉢上げしてして加温し、展示会用に咲かせるということがありました。細かな芽が多く出てきたので、花つきに不安があり、半数に芽欠きを施しました。結果は、芽欠きしたほうに花が1～2割増え、よい鉢ものに。上司にこのテクニックの優れた点を説明したところ、展示会用として評価を得られましたが、苦笑され「日本人らしい」との総評でした。生産数の桁が日本とは違うのです。こんな細かな作業はここでは現実的ではないと、その後の作業で思い知ることになりました。

樹高の考え方

なるべくコンパクトに咲かせたい、手間なく大きくしたい、草花と合わせたい、四季咲きのアーチをつくりたい。バラを育てる目的はさまざまです。
育てる人自身が「何を優先するのか」を決めたうえで、
どれくらいの大きさになるのかという見当を立てる必要があります。
樹高の考え方を解説します。

剪定で樹高を決める時の考え方

　成長には地域差、個人差があります。カタログや本の樹高をまずは参考にしますが、現実には育てながらの調整になります。最近では実際に栽培している人の情報をインターネットで知ることができます。同じ気候で育てている人が見つかると、目安が立てやすくなります。

　以下のような環境の差が同じ品種でも樹高に影響します。太平洋湾岸沿いの無霜地帯、都市部の無霜・酷暑、内陸で寒暖差の大きいところ、山間部、高冷地、北国、南国、日本海側の多雪地、関東の赤土、関西の真砂土など。これに加えて、多肥栽培か、減肥栽培かなども関わります。生育に幅があることを前提に小さく納めるのか、高く伸ばすのか考えます。冬の剪定は1/3に切り戻すという目安が自分の目的に合っているかを見直しましょう。

コンパクトに仕立てたい

　小さく仕立てたいなら、鉢植えが近道です。庭でも同じ手順ですが、庭では根が発達するので、年を経るごとに大きくなっていきます。基準はベーサルシュートを1/4～1/3に剪定した高さ。短くし過ぎると弱ります。ただし、半つる性で長く伸びるものは、この限りではありません。ベーサルシュートがよく出る品種は、古株を更新して低く仕立てられます。ベーサルシュートが出にくい品種は、低くしようがありません。

剪定すべき枝がない時

明らかに買ってきた時より細い枝しかない、全体に弱々しいときは剪定を見送ります。あまりに弱った株は若木への植え替えを強くおすすめします。

［ 房咲きになる
ベーサルシュートの株を
小さく仕立てたい
場合 ］

　房咲きになるベーサルシュートを安全に仕立てるなら、充分に枝を伸ばして力をつけさせてから、冬に短く切り戻します。樹高を決めるのは、おもにベーサルシュートなので、数年はベーサルシュートを1/3ほどに切った高さが基準になります。成木になるとシュートが木の中心となり、高さの基準となります。

　ベーサルシュートが長生きする品種は、古くなるとベーサルシュートが生えなくなり、だんだん木化して古い木の部分が増えてきます。このような株は、樹高の半分近くが古枝だけになっているので、春に伸びた枝にどう養分を集約させ、低く切り詰めるのかだけを考えます。「高さの1/3で切るというのはあくまでも目安、順調に育った若木だけです。

［ つる性の
ベーサルシュートの株を
小さく仕立てたい
場合 ］

　春に一斉に花が咲いた後、何度か咲き戻る性質があれば、冬に短く切っても春によく咲きます。どんなに長く伸びたつるでも30〜40cmに切って咲きます。

　四季咲きシュラブは元気なほど長く伸びて咲かなくなるので、咲かせるなら、花がら切りは大きな葉を2枚残し、長いベーサルシュートを7〜8月に短く切り戻して勢いを抑えると花が咲く方向に向かって小さく収まります。これはよく手入れして勢いをつけながら切り戻して弱らせるという盆栽的な手法に似ています。同じ品種でも小さく育てた方が、か弱くなります。葉を失わないようにしっかりと手入れをしてください。

はじめから伸びない品種を選ぶと手間がかからない。写真は「ガーデン オブ ローゼズ」と「レインボー ノック アウト」

高く伸ばしたいなら

　これは成木にする時と同じです。数年無剪定で伸ばしてベーサルシュートをなるべく高くすることです。周りに植物を植えたい時に有効です。希望の高さになったら、春の一番花の長さを見込んでベーサルシュートを剪定して咲かせます。シュートは日陰の枝、込み合った細い枝を切る程度にして、なるべく残します。

　これら細かいシュートに花は咲きませんが、葉を多くつくるので、ベーサルシュートを吹かせるための養分生産の場となります。

　裏ワザとしてはベーサルシュートに支柱を立てて固定することで通常よりも長く伸ばすことができます。その代わり自立する太さを犠牲にしていますから、後々生えてくるベーサルシュートは支えをなくして自立できるようにしましょう。多用するとだらしない株姿になります。3〜4年トライして目的の高さに達しない時はここが限界です。

地上部と根の関係

　「剪定するほど木が元気になる」この言葉は、剪定にしり込みする人を鼓舞するにはよい言葉だと感心しますが、事実ではありません。切り捨てた枝には養分が蓄えられているのですから基本は弱るのです。根元から切っても太い枝が伸びるさまを見ると元気になったかのように勘違いしますが、単に芽が少なかったことで養分の振り分け先が減り、いい枝が育つだけのことです。ではこの豊富な養分はどこから来るのでしょう？

　植物は地上に茂った枝葉と同じ量の根があります。ここに養分が豊富に蓄えられています。そのため地上を1/3の量に減らしても根を含めると実際は2/3残っています。

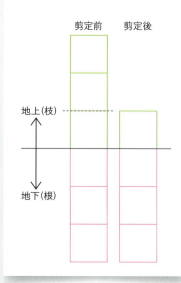

成長に応じた剪定を

初年はよほど元気な株でない限り、夏剪定はしません。夏の花はつぼみを摘んで咲かせないようにします。秋も葉が少なくなっていたら、太くて咲かせてもよい枝だけ花を咲かせて、他のつぼみは摘んでおきます。冬剪定も見上げるほどのベーサルシュートが生えてないようなら、剪定は不要です。

2年目以降の春はよい枝なので、よく見える場所の花を選んで咲かせ、見えにくい場所は早めにつぼみを摘みます。光が当たる場所の細枝はつぼみを摘んで咲かせないようにし、養分を生み出す枝としていかします。ベーサルシュートも太く長くなるので、高さを決めて休眠期（冬）に切ります。高さ決めは長く伸びる品種なら深くても1/3残して切り、枝が短い品種なら1/2にします。草花と合わせる場合は、草花に埋まらないようにしなくてはいけないので、80cmの高さはほしいところです。

充分な高さに達していなければ、剪定を見送ってもかまいません。じっくり育てましょう。それまで草花はバラの樹高の1/3以下の一年草やグラウンドカバーで覆っておきましょう。花を咲かせるほど、病害虫で葉を失うほど、深く切るほど、成木から遠のきます。本格的な剪定は成木になってからでも間に合います。大切なのは葉を増やし続けて成長を失速させないことです。

ベーサルシュートを太く長くするなら、水と肥料を生育に合わせて切らさず与え続けます。成長していない、芽も動いていない株に肥料をやっても吸いませんし、根が焼ける原因となり、枯れることもあります。

締めてつくるなら、庭植えは完熟した牛糞や馬糞堆肥だけを冬の株まわりに撒き、鉢植えは窒素分が少ないリンカリ分の多い肥料を与えます。

何度か咲き戻る性質とは？

"生まれつき"のつる、シュラブ品種に当てはまります。品種名の前に「つる」とつく場合は生まれつきのつるバラではなく、四季咲き木立性品種の枝変わりです。枝変わりのつるは、部分的に四季咲きに先祖返りして咲くことがあります。この場合は、つるを短く切ると咲かないことがあります。

咲き戻らない品種「ツル プリンセス ドゥ モナコ」の例。つるの枝は右上の1本のみ。他のベーサルシュートは木立ち性（房咲き）になっている

バラの栽培年間カレンダー

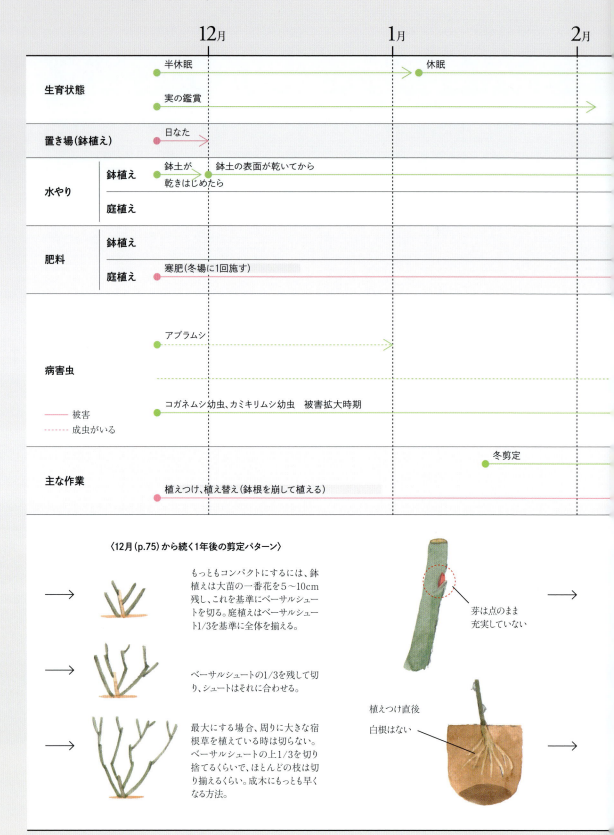

※図はわかりやすくするため、枝1本にしています。

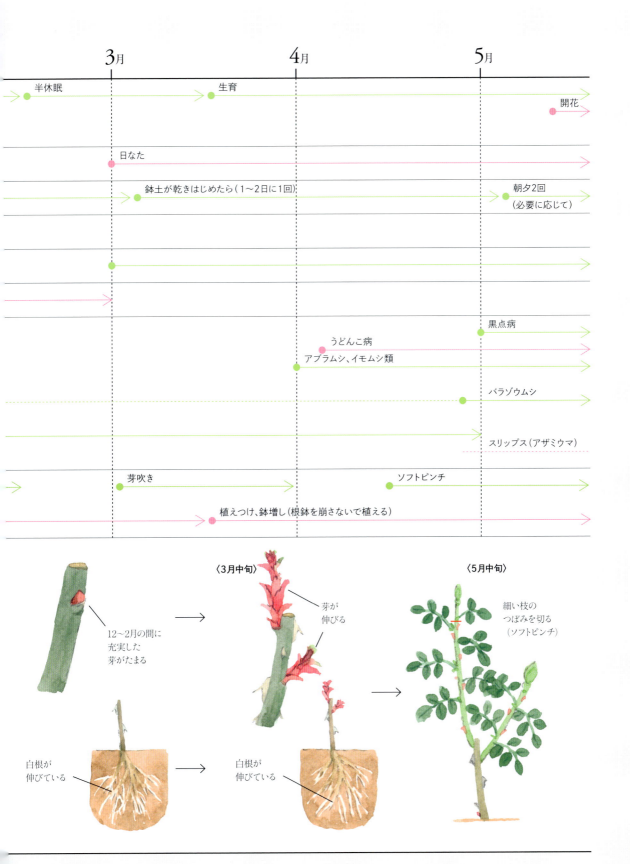

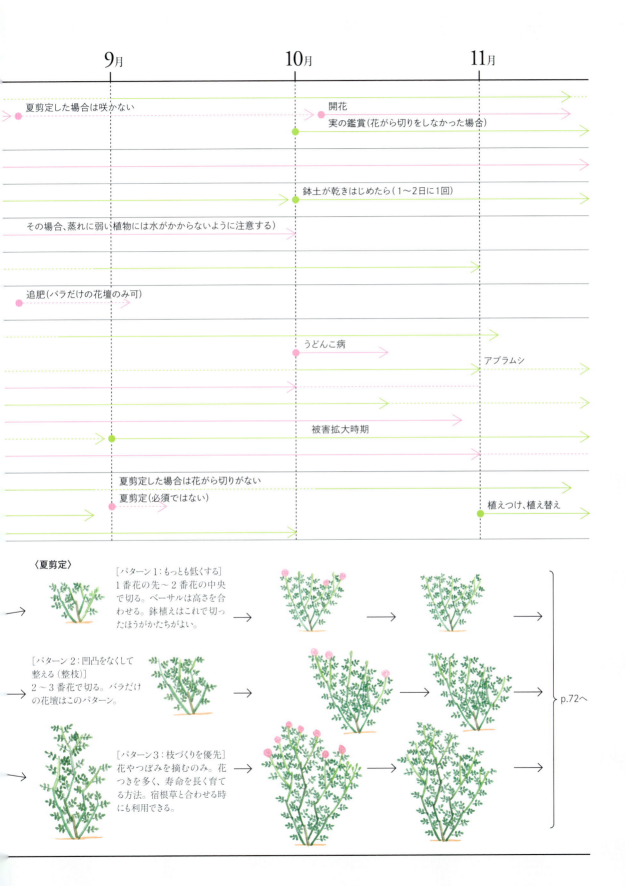

バラと草花を合わせる

かつては、手間のかかる四季咲きバラは単体で管理することが一般的でしたが、最近はさまざまな改良がなされ、草花との混植花壇が楽しめるようになりました。バラと草花を合わせて楽しむ際のポイントを紹介します。

バラと草花をじょうずに合わせて楽しむための14カ条

1
丈夫なバラを選ぶ
とにかく強健な品種を選びましょう。

2
バラを成木にする
成木になるまでは背の低い一年草で景色をつくります。

3
バラの葉に必ず光が当たるようにする
花の高さは含めません。

4
バラと草花の茂る目安を守る
バラの葉が茂る高さ：草花の葉が茂る高さ
＝ 3：1〜4：1
豊かな植生をつくるにはメインのバラが1.5m以上必要。

5
植えてから数年は剪定はしない
バラの背を早く伸ばしたいので不必要な剪定は避け、混んだ枝だけ切ります。

6
株元はカミキリムシ対策として、よく見えるようにすっきりとさせる
バラの咲く頃に葉がほぼなくなるおすすめの草花は、スノードロップ、カタクリ、シクラメンコウム、シクラメン「ヘデリフォリウム」、アネモネ、パブニナなど。

7
日陰に強い植物をバラの梢の下に、光を好む草はバラの梢より外に植える
梢の下はヒューケラ、梢の外にはジキタリスのように葉が下に茂り、花だけが高く伸びるものを。

8
植えた場所から動かない草花が理想
動かなくても株が徐々に増えて膨らむので、5年後の株姿を想像して株間を決めましょう。ミントのように背が高くなり、急速にはびこる根や地下茎で殖える植物は向きません。

9
宿根草の苗は植えた年に大きくなることは少ないので、充分株間をとって植える

宿根草の株間を埋めるために役立つ植物
〈背の低い一年草〉アリッサム、ポーチュラカ、千日草「千夏」、トレニアなど。
〈地を低く這うグラウンドカバー〉リシマキア・ヌンムラリア、ディコンドラ、ラミウムなど。

10
宿根性の雑草は抜いておく

一年生雑草は芽生えに光を必要とするものが多いので、植物で地面を覆うほど草が減ります。

11
循環型の庭を目指すなら、植物がらを地表に戻す

お正月の庭をきれいに掃き清めて迎えたい人や住宅密集地ではおすすめしません。

12
冬の庭をさっぱりとさせたい時は、腐植の補充が不可欠

植物がらを一掃してから、宿根草を避けて牛糞堆肥を薄く地表に敷きつめます。宿根草の芽は地表にあるので、埋められると傷みます。はじめから芽が地中深くにある球根類はこの程度では影響はありません。

13
常緑の下草を活用して冬場の彩りを確保する

バラは落葉樹なので、冬にさみしい風景にならないような工夫をします。

14
バラとは印象の異なる葉の植物と合わせる。

バラに似た葉を持つ草花は、バラと相性がよくありません。細長い葉、カラーリーフ、細かな葉、巨大な葉、切れ込みの多い葉など、特徴のあるものを選びましょう。草同士も葉の形の違うもの同士を合わせるときれいです。

適したバラを選ぶ

　花壇用の四季咲きバラは手間がかかるぶん、バラだけを植えて管理するように奨励されてきました。しかし近年になってようやく、病気にかかりにくい、葉はなくなるもののすぐに枝が吹いてくる、ベーサルシュートに充分な葉が着いて咲きすぎないなど、バラが丈夫になる条件が揃い、手軽に楽しめる四季咲き種が増えてきました。

　いい換えると、少し手間はかかりますが、このような丈夫な四季咲きのバラであれば、さまざまな草花との混植花壇が楽しめるようになったということです。今までも混植花壇はありましたが、つるバラやシュラブといった大型種、一回咲きのオールドローズが主体でした。花が咲きにくいぶん枝が長く伸びて葉も増え、背が高いぶん、草花の上に飛び出るので光も確保できるバラたちです。丈夫な四季咲き性のバラを使って、秋もバラが咲く混植花壇に挑戦してみましょう。

自然なサイズを知る

　バラの周りに宿根草や球根、草花などを植えると、寒肥をバラの周りに掘って埋めることができなくなります。上手に園芸植物で疑似生態系をつくれれば、無肥料で循環させることも可能です。植物で覆い尽くすので、バラや樹木の植え替えは、混植の植物にダメージを与えます。5年後を見据えて、バラの株間はしっかり確保しておきましょう。バラも宿根草も自然サイズで育てれば手間が減り、つめ込むほど小さく納めるための手間が膨大にかかります。

　自分の暮らす場所での自然な大きさを把握することが大事です。ご友人などとの情報交換やご近所の庭の観察、インターネットなどでの情報を参考にするとよいでしょう。

　鉢やプランターでの寄せ植えは土の量が少ないので、充分な環境がつくれません。鉢ならば寄せ鉢で楽しめるので、このような手間なく、自由に組み替えて、鉢の間隔を調整し、きれいな景色をつくることを目指しましょう。

Chapter 3
モダンローズ図鑑

modern roses

図鑑の見方

● 本書での分類の基準

木立ちタイプ
花壇用に適したバラ。典型的な木立性が中心に、
小型でふんわり広がる小型シュラブ、
自立する「つるに仕立てにくい」直立性のシュラブを含む。

中間タイプ
半つる性のややしなやかな花壇用のバラ。
暖かい地方では小型のつるバラとしても楽しむことができる。

つるタイプ
温暖地では大型のつるバラで、寒冷地では花壇用となるバラ。

● 掲載の順番

1. **分類**（木立ちタイプ、中間タイプ、つるタイプの順）
   ↓
2. **花径の大きさ**（大輪、中輪、小輪の順）
   ↓
3. **初心者～上級者向け**（▮で表記）

レッド レオナルド ダ ビンチ
Red Leonardo da Vinci

クリムゾンレッドの花色とロゼット咲きの花型がシックな雰囲気のバラ。花色は咲き進むにつれてピンクを帯びてくる。濃緑の照り葉が美しい品種。耐寒、耐病性があり、あまり手をかけなくても秋までよく咲く。枝は直立する剛直なシュラブで場所をとらない。2005年ADR受賞。

【香り】微香

【花径】8～9cm【分類】FL【樹形・株張り】シュラブ【別名】Hilde Umdasch【作出】2003年【販売元】メイアン

❶ **流通名または品種名**
国内で流通している名称や昔から呼ばれている名称を記載。

❷ **流通名または品種名の欧文表記**

❸ **【香り】**
強香 🌹🌹🌹 ……… 濃厚な芳香
中香 🌹🌹 ……… 中程度の芳香
微香 🌹 ……… かすかな芳香　人によってまったく感じない場合もある。

❹ **初心者にとっての栽培のしやすさ** ※関東温暖地基準
🛡🛡🛡 ……………… 今までに植物を栽培したことがないくらいの初心者。
🛡🛡 ……………… 植物の栽培をはじめて数年程度の初心者。
🛡 ……………… バラの栽培歴が数年の初心者。
マークなし ……………… バラの病害虫対策や育て方をひと通り把握している、中〜上級者。

❺ **【花径】** ───────→
春に咲く一番花の大きさを基準とした花の大きさの目安。
大輪：10cm以上　　中輪：5〜10cm未満　　小輪：5cm未満

【分類】
本書に登場するもの
CL クライミング ………… ベーサルシュートが長く伸び、枝が粗い品種。
FL フロリバンダ ………… 日本のノイバラに由来するポリアンサ系やハイブリッド・ムスク、
　　　　　　　　　　　　　ハイブリッド・ティー系などが交雑されて誕生した木立ち性房咲き中輪系統。
HT ハイブリッド・ティー… ハイブリッド・パーペチュアルとティー・ローズとの
　　　　　　　　　　　　　交雑からはじまる木立ち性大輪系統。
Sh シュラブ ……………… 半つる性や、やわらかく広がり茂る樹形の品種。

【樹形・株張り】
直立性 / 直立性シュラブ / 半直立性 / 半直立性シュラブ / ブッシュ
/ 横張性 / 半横張性 / シュラブ / コンパクトシュラブ / つる性 / 半つる性

【別名】
流通名または品種名のほかに、海外でよく知られている名称があれば記載した。

【作出】
販売者または育成者のデータを元に、作出年（もしくは発表年）を採用した。

【販売元】
そのバラを販売している会社を記載した。

木立ちタイプ｜大　中間タイプ　つるタイプ

レッド レオナルド ダ ビンチ
Red Leonardo da Vinci

クリムゾンレッドの花色とロゼット咲きの花型がシックな雰囲気のバラ。花色は咲き進むにつれてピンクを帯びてくる、濃緑の照り葉が美しい品種。耐寒、耐病性があり、あまり手をかけなくても秋までよく咲く。枝は直立する剛直なシュラブで場所をとらない。2005年ADR受賞。

【香り】微香

【花径】8〜9cm【分類】FL【樹形・株張り】シュラブ【別名】Hilde Umdasch【作出】2003年【販売元】メイアン

アライブ ALive

元宝塚トップスターの瀬奈じゅんさんに捧げられた、育てやすく、美しく、芳しい、3拍子揃った品種。香水の町フランス グラースの調香師から「レモンヴァーベナとアプリコットのフレッシュな香りは"フルーティー・ノート"」と表現された。耐病性が際立ってよい。

【香り】強香

【花径】11〜13cm【分類】HT【樹形・株張り】横張性【作出】2007年【販売元】メイアン

コンスタンツェ モーツァルト Constanze Mozart

シルキーピンクのやさしい色合いの中大輪で、5輪程の房で咲く。花つきが多いと剣弁高芯、花数が少なく養分が集中するとロゼット咲きになる。黒星病、うどん粉病にとても強く、耐暑性もある。モーツァルト夫人の生誕250周年にちなんで名づけられた。

【香り】中香

【花径】8〜10cm【分類】FL【樹形・株張り】半横張性【別名】First Crush™【作出】2012年【販売元】コルデス

木立ちタイプ｜大

ビバリー
Beverly

豊かなニュアンスのピンクの花色とすばらしい香りに恵まれたバラ。フランス人調香師に「熟したスモモとライチが混ざりあったような華やかな香り」と評された。苗のうちはやわらかなシュートが出るが、次第に立ち上がってくる。樹幅は1mを見込むとよい。2008年バーデンバーデン国際コンクール銀賞・芳香賞、2011年ハーグ芳香賞など多数の芳香賞を受賞。

【香り】強香

【花径】10〜12cm【分類】HT【樹形・株張り】半横張性【作出】2007年【販売元】コルデス

アンドレ グランディエ André Grandier

『ベルサイユのばら』に登場するアンドレの名が冠されたバラ。花つき、樹性がよく、アメリカの殺菌剤を使用しないコンテストで、金賞を受賞したこともある育てやすい品種。ほのかにティーローズ香がある。

【香り】微香

【花径】10〜12cm【分類】HT【樹形・株張り】半横張性【別名】サンシャイン デイドリーム【作出】2011年【販売元】メイアン

ウェディングベルズ Wedding Bells

無農薬栽培が可能。しっかり厚い照り葉の上にかたちよく整った花をしっかりとした枝の先に咲かせる。男性的な格好いいバラ。株は、約幅1m必要で庭植え向きの品種。こういった男性的な風貌のバラにはニフォフィアやパンパスグラス、カレックス、オリーブなどしっかりしたアウトラインの植物を合わせたい。

【香り】微香

【花径】13〜15cm【分類】HT【樹形・株張り】横張性【作出】2010年【販売元】コルデス

マイガーデン
My Garden

フランス・グラースの調香師から「パワフルなロサ・センティフォーリア、シトラス、パルマローザの香り」と評された、芳醇な香りが魅力のバラ。誰でも美しく香り高いバラを楽しめるように開発されたバラ。手入れがよいと、樹が大きくなりすぎることがある。

【香り】強香

【花径】13〜15cm【分類】HT【樹形・株張り】半直立性【作出】2008年【販売元】メイアン

プリンセス シャルレーヌ ドゥ モナコ

Princesse Charlene de Monaco

モナコ公国のシャルレーヌ公妃に捧げられたバラ。ややオークルが入ったパステルピンクの花色が、フリルと相まって大変華やか。伸長力のある品種で、切りバラとしても楽しめる。香料製造用に栽培されているバラ「ローズ・ド・メ」の心地よくデリケートで甘美な香りを持つ。

【香り】中香

【花径】11cm【分類】HT【樹形・株張り】直立性【作出】2014年【販売元】メイアン

ヒストリー
History

ソフトなピンクの花色とロゼット咲きになる花型がロマンティックな雰囲気を漂わせるバラ。大輪の房咲きで、春の花立ちは特にすばらしく、独特な魅力を持つ丸いつぼみが一斉に並ぶ様子は圧巻。シーズンのはじめから終わりまでよく咲いているほど花つきは多いが、葉が増えにくいコンパクトな樹形なので、株ができるまで花数は制限して木をつくることを優先する。

【香り】微香

【花径】10〜12cm【分類】HT【樹形・株張り】横張性【別名】Madison®【作出】2003年【販売元】タンタウ

ライラック ビューティ　Lilic Beauty

丸弁高芯咲きで、グレーがかったライラックピンクと赤藤色のエレガントな花色が魅力のバラ。香りもすばらしく、深みのある甘い香りにシトラスのフレーバーも感じられる。特にうどんこ病に強い品種。

【香り】強香

【花径】10〜12cm【分類】HT【樹形・株張り】直立性【作出】2005年【販売元】メイアン

ゴスペル　Gospel

濃厚なダマスクを放つ大変豪華な花をつける。伸長力があり、しっかりした枝の先に房で花をつける。青みを帯びた深緑色の葉は、マットな質感で花を引き立てる。うどんこ病に強い品種。

【香り】強香

【花径】10〜12cm【分類】HT【樹形・株張り】半横張性【作出】2012年【販売元】タンタウ

レジス マルコン　Regis Marcon

明るさと深みをあわせ持った赤色。丸弁高芯咲きのHTのようなつぼみから、開くとロゼット咲きに。濃い緑の照り葉は健康的で耐病性も極めて強い。中程度のブッシュタイプだが樹勢も強く、シュートの発生も旺盛で初心者でも育てやすい。

【香り】強香
【花径】10cm【分類】HT【樹形・株張り】直立性ブッシュ【作出】2011年【販売元】デルバール

マルク シャガール　Marc Chagall

明るいピンクに白の絞りが入る大輪花。カップ咲きからロゼット咲きになる。春は3〜5輪の房咲きになる枝もあり、花数も多い。明るい緑の葉と相まって存在感のある株になる。鉢植えにも向く。耐病性・樹勢が強く育てやすい。名前は画家マルク・シャガールに由来する。

【香り】弱香
【花径】10cm【分類】HT【樹形・株張り】直立性ブッシュ【作出】2014年【販売元】デルバール

ゲーテ ローズ
Goethe Rose

ドイツの文豪ヨハン・ヴォルフガング・フォン・ゲーテに捧げられたバラ。恋多き文豪にふさわしく、花弁数が多い豪華な花型にダマスク～フルーティーのロマンティックな甘い香りを持つ。株は高性で、すんなり伸びた枝の先に、一輪大型の花をつける。ステムが長いので切り花にも向く。特に黒星病に強い品種。多数の国際コンクールで受賞歴あり。

【香り】強香

【花径】12～15cm【分類】HT【樹形・株張り】半横張性【別名】Pure Poetry【作出】2011年【販売元】タンタウ

エアフロイリッヒ
Erfreulich

丸くボール型に咲くクォーターロゼット咲きの大輪花。大きな房咲きになることがあるが、花がゆったりと咲くので、優雅な咲き姿になる。雨で花が重くなると折れやすいので、悪天候になる前に摘んで切り花として飾るとよい。つるバラのように仕立てることもできる。ポール仕立てに向く品種。エアフロイリッヒという花名はドイツ語で「よろこばしいこと、うれしいこと」を意味する。

【香り】中香

【花径】8～10cm【分類】HT【樹形・株張り】直立性シュラブ【作出】2008年【販売元】タンタウ

ベルサイユのばら　La Rose de Versailles

ビロードのようになめらかで、つややかな輝きを帯びた真紅の大輪花は、「ベルサイユのばら」の世界そのもの。一輪でも、凛とした気品と他を圧倒する華やかさがある。強健種で育てやすい。株が大きくなるにつれ、花つきがさらによくなる。花持ちがよい品種。

【香り】微香

【花径】13〜14cm【分類】HT【樹形・株張り】半直立性【作出】2012年【販売元】メイアン

アクロポリス ロマンティカ　Acropolis Romantica

咲くにつれグリーンがかったピンクとなり、まるでアンティークの花飾りのよう。花持ちがよく、切り花に向くバラ。長く枝が伸びるので、切り花にする場合は、枝の半分まで切って使うことができる。とても丈夫で育てやすいバラ。

【香り】微香

【花径】7〜8cm【分類】FL【樹形・株張り】直立性【作出】2005年【販売元】メイアン

パローレ
Parole

長いつぼみが美しく、コンテスト用としても評価が高い剣弁高芯咲きの巨大輪。最大の魅力は豊かに広がるフルーティな強い香り！ マドリード国際コンクール芳香賞を受賞している。巨大輪で存在感のあるバラなのに、樹が大きくならない優れた品種。イタリアでは、デザイナーのサルヴァトーレ・フェラガモ夫人の名前ワンダ・フェラガモの名で販売されている。

【香り】強香

【花径】13〜15cm【分類】HT【樹形・株張り】半横張性【別名】Wanda Ferragamo®【作出】2001年【販売元】コルデス

木立ちタイプ｜大

中間タイプ

セント オブ ヨコハマ
Scent of Yokohama

バラらしい巻き上がった花型からクラシカルなロゼット型になる幅広い表情が楽しめ、ティー系の強い香りもまとっている。株はコンパクトにまとまり、鉢植えに向く。黒星病とウドンコ病に強く、枝が硬くしまり、丈夫な品種。河合伸志作出。

【香り】強香

【花径】9cm【分類】HT【樹形・株張り】半横張性【作出】2017年【販売元】サカタ

つるタイプ

桃香
Momoka

株に力がつくと、よく整った典型的な半剣弁高芯咲きの大輪の花を一本の茎に3〜5輪つける。枝立ちも多いので、大変華やかな景観をつくることができる。数歩離れた所まで香るほどの強香種。強香の花は降雨によって花が開かなくなることがあるが、このバラは次々と開花するので、いっぺんに花が傷むということがなく、確実に香りを楽しむことができる。

【香り】強香

【花径】12〜13cm【分類】HT【樹形・株張り】半直立性【作出】2003年【販売元】京成バラ園芸

チャイコフスキー
Tchaikovski

やわらかな色彩と花型が魅力の房咲きのバラ。育てやすく、秋にもたくさんの花をつけて楽しませてくれる価値の高い品種。花名はロシアの大作曲家であるチャイコフスキーにちなむ。中型のシュラブだが長く伸びた枝は、冬の強い剪定で木バラのように咲く。

【香り】微香

【花径】10〜12cm【分類】HT【樹形・株張り】半直立性【作出】2000年【販売元】メイアン

アウグスタ ルイーゼ
Augusta Luise

花弁質がしっかりしていながらフリルのついた花びらが複雑に重なりあい、ボタンのように華やかな花を咲かせる美しく、香り高いバラ。花名は18世紀の文豪、ゲーテの文通相手の婦人に因む。半つる性のシュートが出るが、冬の強剪定で木バラのように咲く。

【香り】中香

【花径】11〜13cm【分類】HT【樹形・株張り】半横張性【別名】Fox-Trot®、Hayley Westenra、Rachel【作出】1999年【販売元】タンタウ

パット オースチン
Pat Austin

花弁の内側は明るいオレンジ色、外側は淡い黄色がかかった独特の花色が魅力のイングリッシュローズ。八重のディープカップ咲きで大輪の花を咲かせる。少しアーチ状になるバランスのとれた姿。さわやかで濃厚な香りは温かみのある心地よいティー系の香りがする。暖かい地域でよく育つ傾向がある。非常によく返り咲く。デビッド・オースチンが自身の妻の名前にちなんで名づけたバラ。

【香り】中香

【花径】8～12cm【分類】Sh【樹形・株張り】シュラブ【作出】1995年【販売元】D.Austin Roses

木立ちタイプ — 大

ムンステッド ウッド
Munstead Wood

クリムゾン色のつぼみが開花にしたがって中央のほうからベルベット調の深みのある色になる。大輪のディープカップ咲きが、次第にシャローカップ咲きになっていく。若葉は赤みを帯びたブロンズで、深い緑色の葉とのコントラストが美しい。コンパクトに育つ。フルーツを感じる濃厚なオールドローズの香りがする。香りの専門家ロバート・カルキンは、ブラックベリー、ブルーベリー、プラムのようなあたたかみのあるフルーツの香りと表現した。

【香り】強香

【花径】8cm【分類】Sh【樹形・株張り】コンパクトシュラブ【作出】2007年【販売元】D.Austin Roses

アンブリッジ ローズ
Ambridge Rose

アプリコットピンクの花が、外側にいくほど淡いピンクになる。咲きはじめは整ったカップ咲き、咲き進むにつれてロゼット咲きに変化する。イングリッシュローズ特有のミルラ香がする。背丈は低めでよく茂るので、鉢植えや花壇、ボーダーの手前に植えるのに向いている。イギリスの人気ラジオドラマ『アーチャーズ』に登場する、架空の村名にちなんで名づけられた。

【香り】強香

【花径】9cm【分類】Sh【樹形・株張り】シュラブ【作出】1990年【販売元】D.Austin Roses

レーシー レディ　Racy Lady

中心に桃色とレモン色が混じった白い花弁で、整形花が美しく、大きな照葉との相性がよい。細めでもしっかりとした枝を数多く立ち上げ、花つきもよい。花名は、"活気にあふれた女性"の意。2000年ニュージーランド太平洋金星賞を受賞している。

【香り】中香

【花径】11cm【分類】HT【樹形・株張り】直立性【作出】1999年【販売元】ディクソン

エリナ
Elina

花つきがよい大輪花。樹勢が非常に強い。耐暑性、耐寒性があり、うどんこ病や黒点病の耐性もある丈夫な品種。ヨーロッパの公園で、このバラだけが元気に育っている光景を何度か目にしたことがある。直立性の樹形でよく伸びるので、小さなスペースにも植えられる。2006年に開催された世界バラ会連合大阪大会で、ピエール ドゥ ロンサールとともに殿堂入りした。

【香り】微香

【花径】15cm【分類】HT【樹形・株張り】直立性【別名】Peaudouce【作出】1984年【販売元】ディクソン

宴
Utage

格好よく色鮮やかな赤バラ。暑さ、寒さに強く、育てやすい。日本生まれの丈夫で場所をとらないスリムな樹形。京成バラ園芸作出の中でも育てやすい赤バラ。

【香り】微香

【花径】10～13cm【分類】HT【樹形・株張り】直立性【作出】1979年【販売元】京成バラ園芸

春芳
Shunpo

京成バラ園芸作出品種の中でもトップクラスの香りのよさ。よく伸びるので、香りのよい、茎の長い切り花がとれる。とても強健で丈夫な株に育つ。

【香り】強香

【花径】13cm【分類】HT【樹形・株張り】直立性【作出】1987年【販売元】京成バラ園芸

聖火
Seika

京成バラ園芸の作出第1号の品種で、日本作出バラの代表花のひとつ。シュートの発生は少なめだが、古枝も大切に扱うと横張りの大株になる強健種。1971年ニュージーランド国際コンクールにて金賞を受賞している。

【香り】微香

【花径】12〜13cm【分類】HT【樹形・株張り】横張性【作出】1967年【販売元】京成バラ園芸

オクラホマ
Oklahoma

黒みの強い赤い巨大輪咲きで、花は高芯丸弁。すっきりしたダマスクモダン、フルーツ系の強い香りを放つ。強健種で、花壇植えや、コンテスト用のバラに適している。JRF金賞受賞品種。

【香り】強香

【花径】13〜15cm【分類】HT【樹形・株張り】半直立性【作出】1964年【販売元】スイム＆ウィークス

クイーン エリザベス
Queen Elizabeth

イギリスのエリザベス女王の名を冠した代表的な銘花のひとつ。樹高は高くなる。手間のまったくかからない強健種で初心者でも育てやすく、日本全国で栽培できる品種。世界バラ会議殿堂入り。

【香り】微香

【花径】10〜11cm【分類】HT【樹形・株張り】直立性【作出】1954年【作出者】ラマーツ

メルヘンケニギン
Märchenkönigin

枝はすらりと長く優美で長い切り花がとれる。似た品種のロイヤル ハイネスのほうが著者の好みだが、花つきや育てやすさの点ではこちらのほうが優っている。

【香り】微香

【花径】12cm【分類】HT【樹形・株張り】直立性【作出】1989年【販売元】コルデス

シャルル ドゥ ゴール
Charles de Gaulle

濃いラベンダーの花色と半剣弁高芯咲きの華やかな花型がすばらしく、強い香りが楽しめるバラ。花つきがよく、丈夫な大株に成長する。とげが少ないので扱いやすい。花名は元フランス大統領に由来する。

【香り】強香

【花径】10〜13cm【分類】HT【樹形・株張り】横張性【作出】1974年【販売元】メイアン

ミスター リンカーン
Mister Lincoln

黒バラの芳香種として、長きに渡り人気のあるバラ。樹勢が強く強健なので、初心者にも向く。第16代アメリカ合衆国大統領エイブラハム・リンカーンの名を冠するバラ。1965年AARS受賞品種。

【香り】強香

【花径】12〜15cm【分類】HT【樹形・株張り】直立性【作出】1964年【販売元】スイム&ウィークス

ジャスト ジョーイ
Just Joey

オレンジからアプリコット色の花弁で、弁先はフリルのように波打つバラで、秋の花色は濃くなる。花つきがよく早咲きで、存在感のある大輪種。すばらしい香りを放つ。切り花として楽しむのにも向く。1994年に世界バラ会連合殿堂入り。

【香り】強香

【花径】12〜13cm【分類】HT【樹形・株張り】直立性【作出】1972年【作出者】Cants of Colchester

ティファニー
Tiffany

半剣弁高芯咲きで、華やかなサーモンピンクの花弁で中央の弁底にはうっすら黄色が入る。多花性で、さわやかなフルーツの強香を放つ。生育旺盛で、直立性でまとまりのよい株に、たくさんの花をつける。耐病性がある強健な品種。

【香り】中香

【花径】12cm【分類】HT【樹形・株張り】直立性【作出】1954年【作出者】Robert V. Lindquist

木立ちタイプ｜大　中間タイプ　つるタイプ

ヨハネ パウロ2世
Pope John Paul Ⅱ

花の大きさ、ボリューム感、花型に大変優れ、多湿な環境でも花弁にしみがつきにくく美しい姿を保つ白バラ。きりっとしたフレッシュシトラスの芳香に、濃緑色の葉が花色を引き立てる。生育旺盛で耐病性あり。第264代ローマ教皇ヨハネ・パウロ2世の偉業を称え、バチカン法王庁がバチカンの庭園に植樹するために選ばれた品種。光沢のある純白の花が高貴な法衣姿を偲ばせる。

【香り】強香 🌹🌹🌹

【花径】13cm【分類】HT【樹形・株張り】直立性【作出】2008年【販売元】J&P

ミラマーレ
Miramare

大変豊かな表情を見せるバラで、気候や株の状態によって、まるで別の品種かのように変化する。色は淡いピンクから濃赤に染まる場合、黄からローズレッドに変化する場合もある。2000年JRC銅賞、2001年第1回ぎふ国際ローズコンテスト銀賞を受賞している。

【香り】中香

【花径】12cm【分類】HT【樹形・株張り】直立性【作出】2002年【販売元】京成バラ園芸

熱情
Netsujo

発色がよく、花型も整っていて、大変バランスのとれた正統派の赤バラ。秋に見せる深い色がすばらしく美しい。茎の長い切り花がとれる。病気に強い強健種で育てやすい。1993年JRC金賞受賞。

【香り】微香

【花径】11〜12cm【分類】HT【樹形・株張り】直立性【作出】1993年【販売元】京成バラ園芸

プリンセス ドゥ モナコ
Princesse de Monaco

気品あふれる人気品種で、モナコ公国王妃となった女優のグレース・ケリーに捧げられたバラ。その名にふさわしい気品にあふれ、上品な甘い香りを放つ。耐病性に優れる。1983年イタリア・モンツァ世界コンクール金賞、1984年ジュネーブ世界コンクール金賞を受賞している。

【香り】中香

【花径】12〜15cm【分類】HT【樹形・株張り】半横張性【作出】1981年【販売元】メイアン

ルージュ ロワイヤル
Rouge Royale

ロゼット咲きの豪華な大輪花で存在感がある。ライチやマンゴーといった南国の情熱的な雰囲気の香りがローズレッドの花とよくマッチする。花が大きくなりすぎると花形が崩れるので、肥料は与えすぎないのが栽培のコツ。剪定は高めに行う。多数の芳香賞受賞。

【香り】強香

【花径】11〜13cm【分類】HT【樹形・株張り】横張性【別名】Alain Souchon®【作出】2005年【販売元】メイアン

クレールマーシャル
Claire Marshall

ライラックから淡いモーヴピンクに変化する魅力的な花弁。豊満なロゼット咲き。香りが強く、時にフルーティな香りがする。花つき、枝ぶりがともによい樹形で、鉢植えやボーダーガーデンとして植えて楽しむのに適しているバラ。比較的、耐病性強い品種。

【香り】強香

【花径】10cm【分類】F【樹形・株張り】半直立ブッシュ【作出】2010年【作出者】ハークネス

木立ちタイプ｜大

エル
Elle

フランスの女性誌『ELLE』の名を冠した美しいバラ。豊かな色彩が絶妙に入り混じり、温かい雰囲気のある花になっている。開ききるとカップ咲きになる。1999年バガテル国際コンクール芳香賞、ジュネーブ国際コンクール銀賞、2005年AARSを受賞している。

【香り】強香

【花径】11〜13cm【分類】HT【樹形・株張り】半直立性【作出】1999年【販売元】メイアン

つるタイプ

103

ダイヤモンド ジュビリー
Diamond Jubilee

淡いアプリコットカラーの高芯咲きの大輪花で、つぼみは丸い。株は病気に強い強健種の直立性で、比較的育てやすい。寒冷地での栽培に向く品種。作出はバーナー。

【香り】強香

【花径】10cm【分類】HT【樹形・株張り】直立性【作出】1947年

フロージン '82
Frohsinn'82

やわらかいオレンジイエローにピンクが覆う剣弁高芯咲き。花弁数35枚、花径14cmほどで花持ちがよくボリューム感のある花。樹高は1.2mほどになる強健種。花名のフロージンは、"快活"や"陽気"という意味がある。

【香り】中香

【花径】13～15cm【分類】HT【樹形・株張り】横張性【作出】1982年【販売元】タンタウ

ホワイト クリスマス
White Christmas

作出以来、広く愛されてきた白バラの代表品種。半剣弁高芯咲きで、その花姿は整っていて、ダマスクを基調としたフルーツ香のある大輪咲き。強健な品種。ハワード&スミス作出。

【香り】強香

【花径】13～15cm【分類】HT【樹形・株張り】横張性【作出】1953年

マヌウ　メイアン　Manou Meilland

房咲きで花つきのよい丈夫な品種で、花壇植えに最適。作出者であるマリールイーズ・メイアンの愛称をとって名づけられた。1977年ハーグ国際コンクール金賞ほか、4賞受賞している。

【香り】微香

【花径】10〜12cm【分類】HT【樹形・株張り】半横張性【作出】1979年【販売元】メイアン

ラブ
Love

ローラ
Laura

花弁の表側は赤、裏側は白の紅白のコントラストに特徴のある剣弁高芯咲きのバラ。花つきのよい直立性の樹形なので、切り花として楽しむのにも向いている。耐寒性のある強健品種。

庭の中でもひときわ目を引く鮮やかな色彩。強く太いシュートを出し、大株になる。耐暑性、耐寒性ともに優れる。花名は、在フランス　コロンビア大使夫人の名からつけられた。

【香り】微香

【香り】微香

【花径】8〜9cm【分類】HT【樹形・株張り】直立性【作出】1980年【販売元】J&P

【花径】12〜14cm【分類】HT【樹形・株張り】横張性【作出】1981年【販売元】メイアン

木立ちタイプ｜大　中間タイプ　つるタイプ

パパ メイアン
Papa Meilland

ビロードがかる花色で、"黒バラ"の代名詞といえる銘花。一度その香りをかぐと、鮮烈に記憶に残るほど、強く濃厚なダマスク香を放つ。花名は作出者アラン・メイアンの祖父であるアントワーヌ・メイアンの愛称に由来する。1988年に世界バラ会連合殿堂入りを果たしている。

【香り】強香

【花径】13～15cm【分類】HT【樹形・株張り】直立性【作出】1963年【販売元】メイアン

天津乙女
Amatsu-Otome

半剣弁高芯咲きの黄色の大輪花で、咲き進むと外弁が白みを帯びてくる。花つきのよい強健種で、半直立性花壇や鉢植えに適す。寺西菊雄の作出品種。

【香り】中香

【花径】13cm【分類】HT【樹形・株張り】半直立性【作出】1961年

ゴールデン メダイヨン
Golden Medaillon

やや波打つ、丸みを帯びた明るい黄色の花弁が特徴的なバラ。房咲きとなるため、花つきが大変よい。耐病性に優れた強健品種。

【香り】微香

【花径】9～12cm【分類】HT【樹形・株張り】直立性【作出】1984年【販売元】コルデス

ピース
Peace

世界でもっとも有名で愛されているバラ。第二次世界大戦後に発表され、その名には平和への願いが込められている。さまざまな国から賞賛を受け、1946年AARS受賞ほか、4つのコンクールでの受賞歴あり。1976年の大会世界バラ会連合初の殿堂入り品種。性質は丈夫で、育てやすいことも魅力。

【香り】微香

【花径】13〜16cm【分類】HT【樹形・株張り】横張性【作出】1945年【販売元】メイアン

シカゴ ピース
Chicago Peace

「ピース」の枝変わり。花弁は濃紅色と黄色の複色

クローネンブルク
Kronenbourg

「ピース」の枝変わり。温かみのある色合いが美しいバラ

木立ちタイプ｜大

ブルー ムーン　Blue Moon

紫バラの代表的なバラのひとつ。このバラが長きに渡り愛され続けてきたのは、美しい藤色と豊かな香りの賜物。フレッシュでスパイシーな強い香りを持つ。耐病性に優れた品種。

【香り】強香

【花径】10～12cm【分類】HT【樹形・株張り】直立性【別名】Sissi®、Blue Monday【作出】1964年【販売元】タンタウ

中間タイプ

つるタイプ

黒真珠　Kuroshinju

黒バラの中ではもっとも深い色あいで、ビロードのような光沢が美しく、日焼けに強い。半剣弁咲きで花弁数は20～25枚。株は横張性で1mほどになる強健種。

【香り】微香

【花径】9～10cm【分類】HT【樹形・株張り】半横張性【作出】1988年【販売元】京成バラ園芸

ブルグント '81　Burgund'81

ビロードのような濃く赤い、剣弁高芯咲きのバラ。やや遅咲きだが、花つき、花持ちがよい大輪花。大株によく育つ強健な品種。

【香り】微香

【花径】14cm【分類】HT【樹形・株張り】半横張性【作出】1981年【販売元】コルデス

ダブル ディライト
Double Delight

花が開くにつれて縁に赤がのってくるバイカラー。2つのカラーとフルーティーな香りを楽しめる"トリプルディライト"といっていいほどのすばらしい品種。1977年AARS受賞。1985年世界バラ会連合殿堂入り。

【香り】強香

【花径】12〜14cm【分類】HT【樹形・株張り】半横張性【作出】1977年【販売元】スイム&エリス

乾杯
Kanpai

キリッと巻いたつぼみがロゼット咲きになり、長く咲いている。樹は丈夫で手入れが少なくても、春に豪華な花が楽しめる。1982年ローマバラ国際コンクール金賞を受賞している。

【香り】微香

【花径】13cm【分類】HT【樹形・株張り】半直立性【作出】1983年【販売元】京成バラ園芸

デンティ ベス
Dainty Bess

赤茶色のおしべがチャームポイントのバラ。長いつぼみも美しい。樹形は細立ちで繊細。日本庭園の植栽にも向くバラ。作出はイギリスのアーチャー。

【香り】中香

【花径】9cm【分類】HT【樹形・株張り】半直立性【作出】1925年

木立ちタイプ｜大

中間タイプ

つるタイプ

ピエール カルダン　Pierre Cardin

サーモンピンクをベースに、ローズピンクのスポットを星くずのように散りばめた、これまでになかった画期的な花色が魅力。ミルラを含むダマスクローズの香りが、最先端の花色と調和する。花名はフランスの著名で前衛的なファッションデザイナーに由来する。

【香り】中香

【花径】9〜14cm【分類】HT【樹形・株張り】直立性【作出】2008年【販売元】メイアン

ヘンリー フォンダ
Henry Fonda

褪色が非常に少なく、見事な純黄色のまだこれをしのぐ黄色のバラはない。秋は茎が赤く深まり、花とのコントラストが美しい。黄色のバラをこよなく愛したアメリカの名優ヘンリー・フォンダに捧げられたバラ。

【香り】微香

【花径】10〜12cm【分類】HT【樹形・株張り】直立性【作出】1995年

オスカル フランソワ
Oscar François

すらりとした茎に凛々しく咲く剣弁高芯の花は、正統派のバラのオーラを放っている。芳香もすばらしい。いわずと知れた名作『ベルサイユのばら』の主人公の名がつけられたバラ。耐暑性、耐病性に優れた稀少な白バラの大輪種。2003年ローマ金賞・芳香賞・ジャーナリスト賞を受賞。

【香り】強香 🌹🌹🌹

【花径】12cm【分類】HT【樹形・株張り】直立性【別名】Metropolitan【作出】2004年【販売元】メイアン

王妃アントワネット
La Reine Marie-Antoinette

大きくゆるやかに波打った花はまさに女王の名にふさわしいバラ。『ベルサイユのばら』シリーズの中で最大の花。ティー、ダマスクの香りも高い。濃い緑色の葉が花を引き立たせる。耐病性が高く、枝も出やすいので元気な株に成長する。受賞歴多数。

【香り】強香 🌹🌹🌹

【花径】11〜13cm【分類】HT【樹形・株張り】半直立性【作出】2011年【別名】Vélasquez【販売元】メイアン

ル ブラン Le Blanc

シフォンのようにやわらかでふんわりとした花びらに特徴があるバラ。咲きはじめはピンクがかることもあり、咲き進むと純白になる。甘く女性らしい清楚な香り。成長しても大きくなりすぎないコンパクトなバラ。

【香り】強香

【花径】6〜8cm【分類】FL【樹形・株張り】半直立性【作出】2012年【販売元】河本バラ園

ラ マリエ La Mariée

春は桜色、秋はライラックに染まるフリル花弁。ウエディングドレスを身にまとった初々しい花嫁のような花姿と香り。四季咲き性でよく咲き、花持ちもよい。切り花として飾るのもおすすめ。

【香り】中香

【花径】8〜9cm【分類】FL【樹形・株張り】半直立性【作出】2008年【販売元】河本バラ園

メリナ Melina

花つきがよい半剣弁高芯咲きのバラで、鮮やかな花色にも恵まれた、早咲き性のバラ。枝が細めの品種なので、株姿はたおやかでやさしい印象がある。葉は花色を引き立てる濃い緑色。

【香り】微香 🌹

【花径】13cm【分類】HT【樹形・株張り】直立性【別名】Sir Harry Pilkington【作出】1973年【販売元】タンタウ

魅惑 Miwaku

やや緑がかった白地にピンクの縁どりが、大変美しくコンパクトな樹に大きく、香り高い花を多く咲かせるので、つくり込むほどに満足感を得られるバラ。1988年JRC銀賞を受賞している。

【香り】強香 🌹🌹🌹

【花径】13〜15cm【分類】HT樹形・株張り】半横張性【作出】1988年【販売元】京成バラ園芸

ローズ ヨコハマ Rose Yokohama

香りがすばらしく、鮮やかな純黄色の花色が美しい、剣弁高芯咲きの巨大輪。直立性で切り花にも向いているバラ。1998年JRC銅賞を受賞。

【香り】強香 🌹🌹🌹

【花径】15cm【分類】HT【樹形・株張り】直立性【作出】2000年【販売元】京成バラ園芸

イブ ピアッチェ
Yves Piaget

碗咲きの大変豪華な花姿は、シャクヤクを連想させる。葉には光沢がある。ひときわ豊かでむせかえるような強いダマスクの香りを放つことから、多くの国際コンクールで芳香賞を受賞している。株は1.2m程度の矮性で丈夫に育つ。高級時計ブランドのピアッチェ（ピアジェ）に捧げられたバラ。

【香り】強香

【花径】14cm【分類】HT【樹形・株張り】横張性【別名】Queen Adelaide、Royal Brompton Rose【作出】1984年【販売元】メイアン

芳純
Hojun

鈴木省三の"香りのバラ"の代名詞。「類稀なる香りのバラができた」と、資生堂の研究員を呼び出したこのバラの香りは、その後、資生堂の「ばら園シリーズ、芳純」として長く愛された。

【香り】中香

【花径】12〜14cm【分類】HT【樹形・株張り】半横張性【作出】1981年【販売元】京成バラ園芸

朝雲
Asagumo

黄色に紅色がのる花弁の様子が、朝焼けに染まる雲が広がる美しい風景を思わせることから名づけられたバラ。早咲き性の強健な品種。1973年にローマ国際コンクールで銅賞を受賞している。

【香り】微香

【花径】13cm【分類】HT【樹形・株張り】横張性【作出】1973年【販売元】京成バラ園芸

ブルー パーフューム
Blue Perfum

濃厚な香りと深い藤色が魅力のバラ。花つきがよく、早い時期から咲きはじめる。とげが少なく、コンパクトな樹形の株になるので扱いやすい。濃厚な香りを楽しめる品種で、切り花としてもおすすめ。

【香り】強香

【花径】11〜13cm【分類】HT【樹形・株張り】直立性【作出】1978年【販売元】タンタウ

ティノロッシ
Tino Rossi

成長はややゆっくりだが、枝の発生が多く耐病性にも優れる。香りもすばらしい。花名はコルシカ島出身の歌手で俳優のティノ・ロッシに由来する。1989年バガテル国際コンクール芳香カップを受賞。

【香り】強香

【花径】9【分類】HT【樹形・株張り】横張性【作出】1990年【販売元】メイアン

丹頂 Tancho

白から赤へ変化する、目立つ色彩のバラ。大輪の花を房で咲かせるので、花数が多く、見応えがある。葉は光沢のある深い緑色で、紅白の花をいっそう引き立てる。

【香り】微香

【花径】13〜14cm【分類】HT【樹形・株張り】直立性【作出】1986年【販売元】京成バラ園芸

木立ちタイプ｜大

中間タイプ

つるタイプ

希望 Kibo

赤と黄色のバランスが抜群によく、花名にふさわしい明るい花を咲かせる。花弁数は30枚、樹高は1ｍくらいになる。1986年オランダ・ハーグ国際コンクール金賞、イタリア・モンツァ国際コンクール金賞、ベルギー・ロエゼラール銀賞を受賞し、海外でも高く評価されている。

【香り】微香

【花径】12〜13cm【分類】HT【樹形・株張り】半直立性【作出】1986年【販売元】京成バラ園芸

栄光 Eiko

黄色いから、咲き進むと花弁の先が赤へと色変わりするさまが美しいバラ。早咲きで、他の品種のバラに先がけて花を楽しむことができる。花数は多く、葉は淡い緑色をしている。

【香り】微香

【花径】13〜15cm【分類】HT【樹形・株張り】直立性【作出】1978年【販売元】京成バラ園芸

紫雲 Shiun

濃い赤紫のワインのような色合いがすばらしく、花型もとても美しい完璧なバラ。剣弁咲きの多花性で花つきがよく、丈夫な強健種。鉢植え仕立てとしても楽しむことができる品種。

【香り】微香

【花径】10〜12cm【分類】HT【樹形・株張り】直立性【作出】1984年【販売元】京成バラ園芸

ソニア
Sonia

花びらがしっかりとしていて、花持ちがよい。花のかたちもよく、花立ちも多いことから切り花生産にも花壇植えにもされた。切り花と花壇用の品種がまったく異なる現代では想像もできないことだが、切り花用の品種がなかった時代の名花といえよう。作出者アラン・メイアンの娘の名前がつけられた、自信のほどが伝わってくるバラ。

【香り】微香

【花径】10〜12cm【分類】HT【樹形・株張り】半横張性【作出】1972年【販売元】メイアン

ヘルツアス
Herz Ass

花型が美しく、花持ちと花弁質に優れ、雨に強い赤バラ。コンパクトな樹形なので、鉢で栽培してもかたちよく仕上がる。ヘルツアスという花名は、ドイツ語でトランプのハートのエースを意味する。

【香り】微香

【花径】9〜12cm【分類】HT【樹形・株張り】直立性【作出】1998年【販売元】タンタウ

光彩
Kosai

1988年に、日本ではじめてAARSを受賞した栄誉ある記念的品種。アメリカでは「ミカド」の名で販売されている。耐寒性、耐暑性、耐病性に優れ、コンパクトで鉢での栽培にも向く。

【香り】微香

【花径】12〜13cm【分類】HT【樹形・株張り】横張性【別名】Mikado【作出】1987年【販売元】京成バラ園芸

木立ちタイプ｜大

つるタイプ

クリスチャン ディオール
Christian Dior

秋深くなった時の花色は大変美しく、花型がしっかりしているバラ。花持ちのよい銘花。国際的なファッションデザイナーの名にちなんで名づけられた。1962年AARS受賞。

【香り】微香

【花径】10〜15cm【分類】HT【樹形・株張り】直立性【作出】1958年【販売元】メイアン

ロイヤル ハイネス
Royal Highness

ロイヤルの名にふさわしい上品でソフトなピンクの花色に加え、花型も大変美しい品種。1963年AARSほか、3つの国際コンクールで受賞歴があり、長い切り花をとることができるバラ。

【香り】微香

【花径】13〜15cm【分類】HT【樹形・株張り】直立性【別名】Königlicht Hoheit【作出】1962年【販売元】スイム&ウィークス

オフェリア
Ophelia

クリームピンクの上品な色彩で、丸弁の平咲きの多花性。つぼみは丸い。芳香が強烈で棘は少ない。懐かしの銘花だが、今だに根強い愛培者が多くいる。花壇、鉢植え、切り花、いずれにも適す。

【香り】強香

【花径】12cm【分類】HT【樹形・株張り】直立性【作出】1912年

ヘレン トローベル
Helen Traubel

ピンクがかったサーモンオレンジの平咲き大輪花。つぼみは長く、切り花にも適する品種。花つきがよく、甘いティの香りを放つ。強健種で、寒地にも適す。花名はアメリカの著名なオペラ歌手の名前にちなむ。

【香り】中香

【花径】14cm【分類】HT【樹形・株張り】横張性【作出】1951年【販売元】スイム

コンフィダンス
Confidence

懐かしさを感じるクリームピンクの高芯咲きの巨大輪。芳香にも恵まれ、花と調和する濃緑の大きな葉を持つ。大変な多花性でとげが少なく、丈夫に育つ。切り花としても楽しめる。「ピース」の子供。

【香り】中香 🌹🌹

【花径】14cm【分類】HT【樹形・株張り】半横張り【作出】1951年【販売元】メイアン

ラ フランス
La France

1867年にフランスの育種家ジャン・バプテスト・ギヨーが、ハイブリッドパーペチュアルとティーローズの交雑実生から選抜したハイブリッドティーローズ第1号。歴史的にとても意義深いバラ。

【香り】強香 🌹🌹🌹

【花径】9cm【分類】HT【樹形・株張り】直立性【作出】1867年【販売元】ギヨー

グレー パール
Grey Pearl

灰色のバラとして有名で、高芯丸弁の大輪咲き。交配母株としての利用価値が高く、青系のバラの祖となった品種で、コレクションマニアも多い。とげは多く、花壇に向く品種。やや性質は弱いが、立派に咲く。

【香り】強香 🌹🌹🌹

【花径】8cm【分類】HT【樹形・株張り】直立性【作出】1945年【販売元】J&P

初恋
Hatsukoi

白地の花の中心をわずかに染める淡いピンクが、初々しい印象を感じさせるバラ。形のよい剣弁高芯咲きの大輪花で、枝ぶりはしなやか。1994年JRC銅賞を受賞している。

【香り】中香 🌹🌹

【花径】11〜12cm【分類】HT【樹形・株張り】横張性【作出】1994年【販売元】京成バラ園芸

グレーテル　Gretel

大変育てやすく、咲きながら次の枝を成長させ、美しいグラデーションの花を次から次へと咲かせる。株はコンパクトにまとまり、セルフクリーンで実もつきにくく、咲きがら取りの手間が省ける。うどんこ病、黒星病に強い。2014年RNRS金賞受賞。

【香り】微香
【花径】7〜8cm【分類】FL【樹形・株張り】半横張性【作出】2014年【販売元】コルデス

チェリー ボニカ　Cherry Bonica

非常に育てやすく、手間をかけずにころんと丸い小ぶりの花が繰り返し、次々絶え間なく咲く。樹形はこんもりコンパクトに整う。うどんこ病、黒星病に非常に強く、ビギナーにも向く品種。2013年バガテル金賞、2015年ADR、ほか、多数の受賞歴あり。

【香り】微香
【花径】7cm【分類】FL【樹形・株張り】横張り性【作出】2013年【販売元】メイアン

ジークフリート
Siegfried

マットな質感の濃い赤の丸い花弁がロゼット咲きから抱え咲きとなり、1枝1〜5輪の房となって咲く。花持ちはよい。葉は明るい緑でかたちのよい美しい照り葉。樹形は半直立性で、まとまりのよい株になる。黒星病・うどん粉病に特に強い品種。遅咲き。

【香り】微香

【花径】6〜10cm【分類】FL【樹形・株張り】半直立性【別名】Out of Rosenheim®【作出】2010年【販売元】コルデス

木立ちタイプ｜中

リモンチェッロ
Limoncello

花色は鮮黄色から、咲き進むと淡い色になる。葉は照り葉で小葉、枝は細く緻密で、枝全体にたくさんの花をつける。樹形はこんもり茂る。花名は、イタリア名物のレモンのお酒の名前に由来する。

【香り】微香

【花径】5〜7cm【分類】FL【樹形・株張り】半横張性【作出】2008年【販売元】メイアン

つるタイプ

レインボー ノック アウト Rainbow Knock Out

かわいらしい花がとても長い期間咲き続ける。このシリーズの中でもコンパクトによくまとまり、玄関先やベランダのちょっとしたスペースで楽しめる。

【香り】微香

【花径】6〜8cm【分類】FL【樹形・株張り】横張性【作出】2007年【販売元】メイアン

ホワイト ノック アウト White Knock Out

ナチュラルガーデンによく似合う清楚な花が途切れることなく咲き続ける。シリーズの中でもっとも小型の品種。ベーサルシュートは出にくくなるので、細かな枝を残す剪定をします。

【香り】微香

【花径】7〜8cm【分類】FL【樹形・株張り】横張性【作出】2009年【販売元】メイアン

キャンディア メディランド
Candia Meidiland

ほったらかしにして実がなっても、次々と咲く次世代のバラ。小型なので、大きめのミニバラという感覚で楽しめる。受賞歴多数。

【香り】微香

【花径】7〜8cm【分類】FL【樹形・株張り】横張性【作出】2006年【販売元】メイアン

5株まとめて植えても見事

フィリップ スタルク
Philippe Starck

リンゴの花を思わせるような、とてもかわいい花をたくさん咲かせる。ナチュラルガーデンに似合う清楚な雰囲気。無農薬、無肥料でも育つ強健なバラ。シュラブだが、1mほどでまとまるので、花壇でも使いやすい。

【香り】微香

【花径】6cm【分類】Sh【樹形・株張り】横張性中型シュラブ【作出】2016年【販売元】アンドレ エヴ

木立ちタイプ｜中

つるタイプ

木立ちタイプ｜中　中間タイプ　つるタイプ

アプリコット キャンディ　Apricot Candy

放任しても徐々にすらりと伸びながら成長し、大きくなりすぎない。モモの香りを感じる。枝吹きがよく、多くの花が咲く。宿根草と合わせるとよい雰囲気になる。2008年ローズヒルズINTローズトライアルズ金賞受賞。

【香り】中香

【花径】8〜11cm【分類】HT【樹形・株張り】半直立性【作出】2007年【販売元】メイアン

ノヴァーリス　Novalis

花名は『青い花』の著者でドイツの詩人、小説家の名前に由来する。青いバラの中で、現在もっとも丈夫でたくさん咲き、木のあばれない品種。宿根草との相性もよい。

【香り】中香

【花径】9〜11cm【分類】FL【樹形・株張り】半直立性【別名】Poseidon【作出】2010年【販売元】コルデス

オマージュ ア バルバラ　Hommage a Barbara

独特の深みがあるベルベットレッドのフリルがかった花弁。花つきも花持ちもとてもよく、春から秋までくり返し咲き続ける。コンパクトでバランスがよく、剪定に気を使わなくてもまとまるので鉢栽培にも向く。耐病性も極めて強い。シャンソン歌手バルバラに捧げられたバラ。

【香り】微香

【花径】6〜8cm【分類】FL【樹形・株張り】半横張性【作出】2004年【販売元】デルバール

アイズ フォー ユー　Eyes for You

花色は気温によって変化し、淡ラヴェンダーからライラック色の花弁に、赤紫色の大きな目が入る。スパイス系の強い香りを放つ。数輪から大きめの房咲きの早咲き性で、くり返し開花する。花つきがよく、コンパクトな株に生育する。耐病性にも優れる。Peter j.james作出

【香り】強香

【花径】8cm【分類】F【樹形・株張り】半横張性【作出】2009年

カインダブルー
Kinda Blue

大きめの花が房になって咲く姿は見事。わずかに、ティーのやさしい香りがする。花名は、花色と「なんとなく、もの憂い気分 (Kind of Blue)」にちなむ。虫さえ除いてあげれば年々木が太くなり、たくさん咲くようになる。庭植え向きの品種。

【香り】微香

【花径】10cm【分類】HT【樹形・株張り】直立性【作出】2015年【販売元】コルデス

グレーフィン ディアナ
Graefin Diana

花の色、整った花型、香りもすばらしい。バラらしい花を咲かせながら、非常に丈夫に育つ。切り花にして楽しむのがおすすめ。樹形はつるにはならないものの、ふわっと広がるので幅1mは必要。2014年ADR受賞、2015年ベルファスト芳香賞、ほか受賞。

【香り】中香

【花径】11cm【分類】HT【樹形・株張り】横張性【作出】2012年【販売元】コルデス

木立ちタイプ｜中

ローズうらら Rose Urara

花つきがよく、春から初冬まで絶え間なく咲き続ける多花性で、ショッキングピンクの大変華やかな丸弁咲きのバラ。初心者でも育てやすい。ほのかによい香りがする。JRCで1995年に金賞受賞。旧名は「うらら」。

【香り】微香

【花径】8〜10cm【分類】FL【樹形・株張り】半横張性【作出】1995年【販売元】京成バラ園芸

つるタイプ

ブラッシング ノック アウト
Blushing Knock Out

放任してもよく咲き続けるノックアウトの枝変わり品種。淡いピンクの花がチューリップのようにつぼんだかたちで咲く、美しく可憐な雰囲気のあるバラ。非常に花つきがよく、春から初冬まで次々に開花する咲き姿は見事。草花と合わせてもかわいらしい。

【香り】微香

【花径】7〜8cm【分類】FL【樹形・株張り】横張性【作出】2004年【販売元】メイアン

ダブル ノック アウト
Double Knock Out

ノックアウトシリーズの中でもっともバラらしい花が咲き、一輪の花も長く咲く。色は目立つが小ぶりなので主張しすぎない。早春から、霜の下りる頃まで長く咲き続ける。

【香り】微香

【花径】7〜8cm【分類】FL【樹形・株張り】横張性【作出】2004年【販売元】メイアン

ザンガーハウザー
ユビレウムスローゼ
Sangerhäuser Jubiläumsrose

ドイツのザンガーハウゼン・バラ園の開園100周年を記念して名づけられたバラ。アプリコットからピンクへと変化する繊細な花色とクラシカルな花型がマッチ。中香だが甘い香りがあり、葉は濃緑色の照り葉。新芽が絶え間なく吹き、繰り返し咲き続ける。耐病性抜群の強健種。

【香り】中香

【花径】8〜11cm【分類】FL【樹形・株張り】横張性【別名】Cervia®【作出】2003年【販売元】コルデス

ノスタルジィ
Nostalgie

とても華やかで香りのいい花をたくさん咲かせる。香りがある品種にしては花持ちがよく、長く楽しめるバラ。放任にも耐え、日々、大きくなる。秋に長く伸びた枝は冬にバッサリ切り戻す。

【香り】中香

【花径】9〜11cm【分類】HT【樹形・株張り】半横張性【作出】1995年【販売元】タンタウ

マチルダ
Matilda

とてもかわいらしい花がたくさん咲く。放任にも耐え、鉢植えにしても見栄えがする。庭植えにすると年々大きく見事な株になる。宿根草との相性もいい。1987年バガテル国際コンクール金賞受賞。

【香り】微香

【花径】9〜11cm【分類】FL【樹形・株張り】横張性【作出】1988年【販売元】メイアン

アイスバーグ
Iceberg

世界中で愛されている銘花で、ほったらかしでもよく育つバラ。とげは少なく、純白の涼しげな花をたくさん咲かせる。花名は、氷山の意味で、別名のシュネービッチェンは白雪姫の意。剪定せず、大きくした後に誘引すると四季咲きのアーチ仕立ても可能。1983年に世界バラ会連合殿堂入り。

【香り】微香

【花径】7〜9cm【分類】FL【樹形・株張り】半横張性【別名】Schneewittchen【作出】1958年【販売元】コルデス

春乃 Haruno

日本にある3つの国際コンテストすべてに入賞した完成度の高いバラ。虫に気をつければ、香りのよい花を長く楽しめる。花持ちもよいので切り花にもおすすめ。花を切ると、すぐ次の花が伸び出す。

【香り】中香

【花径】8〜10cm【分類】FL【樹形・株張り】半横張性【作出】2015年【販売元】京成バラ園芸

アイコニック ハニー レモネード
EYECONIC Honey Lemonade

ペルシカの改良品種で、花の中心に鮮烈な赤いアイが入る。シーズンを通して繰り返し咲き、花弁の色は開くにつれて淡いピンクになる。木もコンパクトでよく咲く。アイコニックシリーズの中では別格の丈夫さで、とげも少なく扱いやすい。アンズ色に赤い目が入り、とても美しい。夏花はピンク。

【香り】微香

【花径】6cm【分類】FL【樹形・株張り】横張性【作出】2012年【販売元】メイアン

木立ちタイプ｜中　中間タイプ　つるタイプ

ハンス ゲーネバイン
Hans Gönewein

すべての花びらが美しい、どこから見ても絵になる貴重なバラ。若緑色の花首が清楚さをより強調している。とても育てやすいコンパクトシュラブ。花壇や鉢植えにも向く。花名は著名なバラ園芸家に由来する。2005年バーデン バーデン金メダル、2008年オーストリア・バーデンコンクールＯＲＰ賞、2009年ローマ国際バラコンクールシュラブ部門金メダルなど、受賞歴多数。

【香り】微香

【花径】6〜8cm【分類】Sh【樹形・株張り】半横張性【作出】2009年【販売元】タンタウ

ソレロ
Solero

宿根草と合わせやすい主張しすぎない花色とたおやかな枝ぶりが魅力のコンパクトシュラブ。低いフェンスに誘引してもかわいらしく仕上がる。ティーの香りがする。花名は、"太陽"に由来する。2009年ADR、2012年フラデクツラロベ・チェコ国際バラコンクールなどの受賞歴あり。

【香り】中香

【花径】7〜8cm【分類】Sh【樹形・株張り】コンパクトシュラブ【作出】2008年【販売元】コルデス

ボレロ
Bolero

雪のように白くやわらかな花びらがふんわりと重なり、繊細な印象のバラ。春の一番花は、花の中心にほんのりピンクがのる。緑の照り葉が美しい。トロピカルフルーツのような芳香がある。病気に強く、コンパクトなので鉢植えにも向く。

【香り】強香

【花径】10cm【分類】FL【樹形・株張り】半横張性【作出】2004年【販売元】メイアン

木立ちタイプ｜中

シェエラザード
Sheherazade

紫がかったローズピンクの波状の花弁。ダマスクにフルーツ、ティー、スパイスの香りを放つバラ。四季咲き性が強い。名は、アラビアンナイトのヒロインの名前に由来する。

【香り】強香

【花径】9cm【分類】Sh【樹形・株張り】半直立性シュラブ【作出】2013年【販売元】バラの家

エウリディーチェ
Euridice

花弁の先が尖る波状弁咲きのバラ。香りは甘く、ダマスクとブルー系の澄んだ透明感のある芳香が魅力的。樹形や育てやすさ、耐病性などはシェエラザードと同じ。

【香り】強香

【花径】9cm【分類】FL【樹形・株張り】半直立性シュラブ【作出】2016年【販売元】バラの家

つるタイプ

木立ちタイプ｜中　中間タイプ　つるタイプ

ジュビレ デュ プリンス ドゥ モナコ
Jubilé du Prince de Monaco®

陽に当たるほど、白から鮮やかなローズレッドに色が変わる。株全体に花がつき、見事な景色をつくる。陽が少ないほど白に桃の覆輪になる。モナコ公国のレーニエ3世に捧げられたバラ。

【香り】微香

【花径】9〜10cm【分類】FL【樹形・株張り】半横張性【別名】Cherry Parfait™【作出】2000年【販売元】メイアン

パシュミナ
Pashmina

カップ咲きの小ぶりの花が、房状になってころころと咲く姿がかわいらしい。花持ちがよく、株はコンパクト。薬をまかずに管理している欧州のバラ園数カ所で元気な姿を確認できた。切り花としても楽しめる。

【香り】微香

【花径】5cm【分類】FL【樹形・株張り】半直立性【作出】2008年【販売元】京成バラ園芸

薫乃
Kaoruno

京成バラ園芸作出の中でトップクラスの香りのバラ。いつまでも嗅いでいたいほどフルーティーな香り。花は大きめで房咲き。シーズンのはじまりから終わりまでよく咲く。手をかけるほどたくさん咲く。2005年JRC香り部門金賞受賞。

【香り】強香

【花径】7〜9cm【分類】FL【樹形・株張り】直立性【作出】2008年【販売元】京成バラ園芸

デズデモーナ　Desdemona

ピーチがかったピンクのつぼみから咲きはじめにほんのりピンクが混ざり、最後に透き通るような白い花になる。はっきりとしたミルラ香を放つ。強健で耐病性に優れ、コンパクトに成長するので、鉢にも花壇用にも向く。花名はシェークスピアの戯曲「オセロ」のヒロインにちなむ。

【香り】強香
【花径】8cm【分類】Sh【樹形・株張り】半横張性シュラブ【作出】2015年【販売元】D.Austin Roses

チャールズ レニー マッキントッシュ　Charles Rennie Mackintosh

八重咲きで多弁、カップ形のライラックピンクの花を、次から次へと咲かせる。軽めのオールドローズ香にライラックとアーモンドの香りが少し混ざる。丈夫でとげが多めのブッシュ樹形。コンパクトなので鉢にも花壇にも向く花名はスコットランドの建築家でデザイナーの名前に由来する。

【香り】強香
【花径】8cm【分類】Sh【樹形・株張り】ブッシュ【作出】1988年【販売元】D.Austin Roses

木立ちタイプ｜中

中間タイプ

つるタイプ

レディ エマ ハミルトン
Lady Emma Hamilton

次から次に咲き続ける優雅さと機能性を兼ね備えた優秀な品種。コンパクトな樹形なので、鉢にも花壇の手前に植えるのにもちょうどいいサイズ。洋梨、グレープ、シトラスのフルーツ系の濃厚でさわやかな香りを放ち、離れたところで香る。フランスのナントスの香りのコンテストでトップ賞を受賞している。暑さに弱い。

【香り】中香

【花径】8m【分類】Sh【樹形・株張り】半横張性シュラブ【作出】2005年【販売元】D.Austin Roses

クロード モネ
Claude Monet

ピンクに淡いオレンジイエローの絞りが入るロゼット咲きのバラ。独特の華やかさとかわいらしさをあわせ持った魅力的な品種。ローズをベースに、スパイシーとフルーティの混ざる強香花。四季咲き性と耐病性の強い中型シュラブで、鉢植えにも向く。花名は、印象派を代表するフランス人画家の名前に由来する。

【香り】強香

【花径】8cm【分類】Sh【樹形・株張り】半直立性シュラブ【作出】2012年【販売元】デルバール

ガーデン オブ ローゼズ
Garden of Roses

淡い杏色の花は開くにつれクリームピンクに変化する。ロゼット咲きの花が溢れるように咲き続け、秋の花つきも非常によい。コンパクトな樹形なので、鉢植えや庭の花壇の縁どりに向く。花名はドイツ人ガーデナー、グリーゼ夫人と彼女の庭「ガーデンオブローゼズ」にちなむ。2009年ADR、2011第2回ローズベイサージュコンクールFL部門金受賞。

【香り】中香

【花径】7〜10cm【分類】FL【樹形・株張り】半横張性【別名】Cream Flower、Circus®、Cream Veranda®、Joie de【作出】2007年【販売元】コルデス

木立ちタイプ｜中

モーリス ユトリロ Maurice Utrillo

真紅に黄色と白の絞りの鮮やかなコントラストには誰もが目を奪われる。フリル状の花弁が印象的で、花持ちも香りもよい。四季咲き性が強くくり返しよく咲く。耐病性があり、樹は非常に強健な木立性。名はフランスの画家ユトリロにちなむ。

【香り】中香

【花径】8〜10cm【分類】HT【樹形・株張り】半横張性ブッシュ【作出】2003年【販売元】デルバール

つるタイプ

ラ パリジェンヌ
La Parisienne

鮮やかなオレンジと黄色のグラデーションで独特の華やかさを持つ。大輪抱え咲きで、花弁はややフリルがかかる。健康的な葉が茂り、耐病性・樹勢が非常に強いが、枝が過度に暴れることもなく、育てやすい。

【香り】強香

【花径】8〜10cm【分類】Sh【樹形・株張り】直立性コンパクトシュラブ【作出】2009年【販売元】デルバール

クイーン オブ スウェーデン
Queen of Sweden

中輪でいつ見ても美しい花姿が魅力。イングリッシュローズとしては珍しく、まっすぐ上に伸び、よくまとまり、よく茂る。耐寒性があり、大変強健な品種。

【香り】中香

【花径】6〜8cm【分類】Sh【樹形・株張り】直立性シュラブ【作出】2004年【販売元】D.Austin Roses

ラ ドルチェヴィータ
La Dolce Vita

ややオレンジがかった鮮やかな黄色で、きれいに整った形の中輪カップ咲き。花つきがよく、春には株いっぱいに花を咲かせる。四季咲き性が強く、春から秋までくり返し満開の花を楽しませてくれる。コンパクトな樹形なので鉢植えにも向く。

【香り】強香

【花径】6cm【分類】FL【樹形・株張り】ブッシュ【作出】2012年【販売元】デルバール

ヴァージニア マッケンナ
Virginia Mckenna

ソフトな白からクリームの花色で、春はセミダブル咲き、秋は軽いロゼット咲きになる。周年よく咲き、香り高い花を夏の間も咲かせ続ける。株はコンパクトでまとまりがあり鉢植えにも向くが、アバンダンスよりはやや大きめの樹形になる。耐病性が強い。

【香り】中香

【花径】8cm【分類】Sh【樹形・株張り】半直立性シュラブ【作出】2016年【販売元】ハークネス

木立ちタイプ｜中

中間タイプ

つるタイプ

レッド アバンダンス
Red Abundance

樹高1m以下のコンパクトな株に仕上がるので、鉢植えやベランダなどの小スペースでも栽培できるアバンダンスシリーズ。あでやかなダークレッドの花色が美しい品種。花つきが抜群によく、ほどよい花径の中輪タイプで、花姿のバランスもよい。

【香り】中香

【花径】8cm【分類】F【樹形・株張り】半直立性ブッシュ【作出】2005年【販売元】ハークネス

クリーム アバンダンス
Cream Abundance

樹高1m以下のコンパクトな株に仕上がるので、鉢植えやベランダなどの小スペースでも栽培できるアバンダンスシリーズ。花芯に近づくほどクリーム色がのる、やわらかな雰囲気のある品種。花つきが抜群によく、ほどよい花径の中輪タイプで、花姿のバランスもよい。

【香り】中香

【花径】8cm【分類】F【樹形・株張り】半直立性ブッシュ【作出】1999年【販売元】ハークネス

ステファニー グッテンベルク
Stephanie Guttenberg

やわらかでふんわりとした色彩のロマンティックな花がたくさん咲く。うどん粉病・黒点病に強く、耐寒性がある。株はコンパクトにまとまるので鉢植えや狭いスペースにも向く。草花との混植ともマッチする。花名は、ドイツで子供たちの権利保護を支援する活動をしている女性の名前に由来している。

【香り】中香

【花径】10cm【分類】FL【樹形・株張り】横張性【作出】2011年【販売元】タンタウ

エリドゥ バビロン
Eridu Babylon

アイボリーホワイトの花弁の縁にピンクがのり、中心にチェリーレッドのブロッチが入る。半八重咲きで10〜20輪の房になる。シーズンを通してよく咲き、夏以降シュラブ状のシュートが発生する。原種「ロサ ペルシカ」の特徴がよく表れている。こまめな花がら摘みが花を長く楽しむコツ。葉は照り葉。放任すると赤く大きな実がよくつく。

【香り】微香

【花径】4〜5cm【分類】FL【樹形・株張り】半横張性シュラブ
【作出】2008年【販売元】インタープランツ

ユリイカ
Eureka

オレンジとアプリコットが混ざった色で、波打つ花びらが華やか。強健種で、次々と枝を出して花を咲かせ、春は花で埋まるほど。花名はアルキメデスが金の純度を測る方法を発見した時に「ユリイカ（わかった!）」と、叫んだという逸話に由来する。

【香り】中香

【花径】9〜12cm【分類】FL【樹形・株張り】横張性【作出】2003年【販売元】コルデス

ウーメロ　Umilo

フリルのきいた花が株を包むように咲き乱れる。クローブのようなスパイシーな香りに紅茶の香りが漂う。つるに仕立てるよりも、冬に1m弱の高さで切って咲かせるほうが管理しやすく花つきもよくなる。1996年ハーグ国際コンクール金賞受賞。

【香り】中香

【花径】7〜9cm【分類】Sh【樹形・株張り】半直立性シュラブ
【別名】Marie Curie®、Romantic Dreams【作出】1996年
【販売元】メイアン

ケアフリー ワンダー
Carefree Wonder

その名前の通り、耐病性に優れ丈夫で、手間のかからない品種。次々と枝葉を伸ばして花を咲かせる。花をより多く咲かせるには、浅めに剪定するとよい。大株にして、その花つきのよさを楽しむのがおすすめ。

【香り】微香

【花径】10cm【分類】FL【樹形・株張り】半直立性シュラブ
【別名】Dynastie®【作出】1993年【販売元】メイアン

ブラス バンド
Brass Band

深みのあるオレンジが美しいバラ。気温が低いうちの一番花は暖かみのある橙色で、高温になる二番花はすっきりした杏色の花になる。花立ちのよい強健種。1995年AARS受賞。

【香り】微香

【花径】9〜11cm【分類】FL【樹形・株張り】直立性【作出】1995年【販売元】J&P

金蓮歩
Kinrenpo

早咲きで、黄色の波打つ花弁の花がブーケのように5〜30輪の房になり、次々と咲く。葉は濃い緑色、金色のおしべが美しく実も楽しめる。黒星病、うどんこ病に強い強健種。花名は、中国の故事「美人のあでやかな歩み」からつけられた。

【香り】微香

【花径】7〜8cm【分類】FL【樹形・株張り】横張性【作出】2007年【販売元】京成バラ園芸

ラ セビリアーナ
La Sevillana

南フランスのメイアンならではの朱色の名花。丈夫で育てやすい株に、白い壁に映えそうな花を次々と咲かせる。枝を多く残して剪定して、花つきをよくする。1980年にオルレアン国際コンクール金賞を受賞している。

【香り】微香

【花径】8cm【分類】FL【樹形・株張り】半横張性【作出】1978年【販売元】メイアン

ボニカ'82
Bonica '82

淡いピンクの花が株全体を覆うように咲く姿は見事。春以降も花を楽しむためには、こまめに花がらを切り、実をつけないようにするのが秘訣。丈夫で手間が少なくてすむので、公園等でも活躍する修景バラ。1987年AARS受賞、2003年 第13回イギリス グラスゴー大会、世界バラ会連合殿堂入り。

【香り】微香

【花径】7cm【分類】FL【樹形・株張り】半横張性【作出】1982年【販売元】メイアン

快挙 Kaikyo

半剣弁咲きのすっきりした花型が徐々に100枚以上の花弁を開いてロゼット状になる。花にはさわやかな柑橘系の香りがある。花持ちがよく、切り花にしても楽しめる。2010年ローマ国際コンクール金賞、2010年JRC金賞を受賞している。

【香り】中香

【花径】10cm【分類】HT【樹形・株張り】半直立性【作出】2011年【販売元】京成バラ園芸

ほのか Honoka

咲き進むにつれ紅がのる。コンパクトに、花同士が混み合わず、優雅なウェーブの花型を乱さずに咲く。厚みのある照り葉。花持ちのよい強健種。無剪定で株を大きくしてから小さなつるバラとしても仕立てられる。2003年JRC入賞、2004年フランス・リヨン国際コンクール"グランド ローズ オブ ア センチュリー"受賞。

【香り】微香

【花径】9～10cm【分類】FL【樹形・株張り】半直立性【作出】2004年【販売元】京成バラ園芸

木立ちタイプ｜中　中間タイプ　つるタイプ

花ぼんぼり
Hanabonbori

乱れ咲く姿がとてもかわいらしい、淡いサーモンピンクの半剣弁八重咲き。花つきが特によく、株は直立に伸びる、とげの少ない房咲きのバラ。樹勢が強く耐病性があり育てやすいので、花壇植え、鉢栽培ともに適す。2008年JRC銀賞受賞。

【香り】中香

【花径】7.5〜8cm【分類】FL【樹形・株張り】直立性【作出】2011年【販売元】京成バラ園芸

いおり
Iori

アンティーク感のある花色で、ふんわりとしたカップ咲き。秋になると色や形に深みが出て、あたたかな雰囲気になる。ブーケのようにこぼれるように咲きます。庭植え、コンテナ植えに最適。ローズファームケイジ作出。

【香り】微香

【花径】5〜6cm【分類】FL【樹形・株張り】半横張性【作出】2011年【販売元】京阪F&G

杏奈
Anna

花はオレンジピンクからアプリコットで、くり返しよく咲き、一枝に3〜5輪の房になる。丈はやや低めで、鉢植えとしても楽しめる。葉は濃い緑の照り葉。黒星病やうどんこ病に強く、育てやすい品種。

【香り】微香

【花径】7〜9cm【分類】FL【樹形・株張り】半横張性【作出】2012年【販売元】京成バラ園芸

コティヨン
Cotillion

淡い紫のやさしい色合いの花。中輪種の中では、香りも充分に楽しめる多花性種。花弁数は、株の充実具合によって異なる。名は、フランスにはじまり、ヨーロッパに広がった踊りの形式の一種にちなむ。

【香り】中香

【花径】9cm【分類】FL【樹形・株張り】半直立性【作出】1999年【販売元】J&P

かおりかざり
Kaorikazari

甘い南国フルーツを思わせる強い香りを放つバラ。花色はアプリコットからピンクで、咲くたびに花色が変化する様子は風情があり美しい。コンテナでも楽しむことができる品種。ローズファームケイジ作出。

【香り】強香

【花径】8〜10cm【分類】HT【樹形・株張り】半直立性【作出】2012年【販売元】京阪F&G

伊豆の踊り子
Dancing Girl of Izu

半剣弁咲きで、株が充実してくるとロゼット咲きになる。1本のシュートに4〜6輪の花がつき、春から晩秋まで咲き続ける。黄色のバラでは数少ない遅咲きで、香りもよく、乾燥に強い品種。

【香り】中香

【花径】9〜10cm【分類】FL【樹形・株張り】直立性【別名】カルトドール【作出】2001年【販売元】メイアン

木立ちタイプ｜中

プリンセス バビロン
Princess Babylon

ピンク地の花弁の底に「ロサ ペルシカ」特有の紫赤のブロッチが見られる。バビロンシリーズの中では花弁数が多いが、開きはじめから紫赤の目が見える。花つきがとてもよく、一茎に10輪つく。株はよく茂り、病気に強く丈夫な品種。宿根草などの草花の脇に植えたり、鉢植え仕立てにしたりしても楽しめる。

【香り】微香

【花径】5～6cm【分類】FL【樹形・株張り】横張性コンパクトシュラブ【作出】2014年【販売元】インタープランツ

ジャルダン ドゥ フランス
Jardins de France

人目をひく蛍光インクのように輝くサーモンピンクの花色。一度に非常に多くの花が咲き、8～15輪の房咲きになる。「フランスの庭」という花名も納得できる、大変優れた品種。

【香り】中香

【花径】8～9cm【分類】FL【樹形・株張り】半直立性【作出】1998年【販売元】メイアン

緑光
Ryokko

個性的な緑白色のバラ。花持ちが非常によく、強健な品種。花つきがよく、たくさんの花を咲かせる。1989年バーデンバーデン国際コンクールで金賞を受賞している。

【香り】微香

【花径】5～6cm【分類】FL【樹形・株張り】半横張性【作出】1991年【販売元】京成バラ園芸

早春
Soushun

桜のような淡いピンク色の半剣弁高芯咲きでやさしい雰囲気があり、秋になり涼しくなってくるとその花色はいっそう美しくなる。一枝に9〜15輪も咲く多花性のバラ。株は強健でとげが少ないので扱いやすい。1991年JRC銅賞を受賞している。

【香り】微香

【花径】8〜9cm【分類】FL【樹形・株張り】半横張性【作出】1991年【販売元】京成バラ園芸

木立ちタイプ／中

中間タイプ

つるタイプ

万葉
Manyo

中輪系としては大きめで、輝くようなオレンジ色の花を咲かせる。強健で耐病性に優れ、気温によっては波を打ち、その姿は大変優美。万葉の時代をイメージした花。鉢植えや花壇にも適している品種。

【香り】微香

【花径】10cm【分類】FL【樹形・株張り】横張性【作出】1988年【販売元】京成バラ園芸

優花
Youka

ソフトピンクの花が株いっぱいにあふれるように咲き、名前の通り、大変やさしい雰囲気のあるバラ。花持ちがいい、強健種。暗緑色の照り葉も美しい。2002年JRC銀賞を受賞している。

【香り】微香

【花径】9〜12cm【分類】FL【樹形・株張り】半横張性【作出】2004年【販売元】京成バラ園芸

フリュイテ
Fruite

陽が当たるとともに、黄を帯びた橙から夕焼けのような朱赤に染まる。透明感のある秋の花色は見事。房咲き性が強く、開花時には花が株を覆う。強健種。1984年にジュネーブ国際コンクール銀賞を受賞している。

【香り】微香

【花径】6～8cm【分類】FL【樹形・株張り】半横張性【作出】1985年【販売元】メイアン

ラバグルート
Lavaglut

中輪系では数少ない、黒赤の花色が美しい品種。花弁質が特に強いため花持ちが非常によく、ポプリにするのにも向いているバラ。やや遅咲きで、耐寒性、耐病性に優れる。名前はドイツ語で「赤熱した溶岩」という意味。

【香り】微香

【花径】6～7cm【分類】FL【樹形・株張り】半横張性【作出】1978年【販売元】コルデス

桜貝
Sakuragai

桜貝の名前にふさわしいにごりのない澄んだ美しいピンク色の花で、5輪ほどの房咲きになる。耐寒性に優れ、とげが少ない品種。木化してもしなやかな木質。1996年JRC金賞を受賞している。

【香り】微香

【花径】6～9cm【分類】FL【樹形・株張り】直立性【作出】1996年【販売元】京成バラ園芸

ゴールドバニー
Gold Bunny

純黄色の美しい花で、中輪系にしては大きめ。花つきがよく早咲きで、黒星病に強い強健種。シュート更新せず、古い枝に花を咲かせる。パオリーノ作出。

【香り】微香

【花径】8～11【分類】FL【樹形・株張り】横張性【作出】1978年

フレンチレース
French Lace

アイボリーホワイトの落ち着いた花色で、飽きのこない人気品種。花持ちがよく、長く花を楽しむことができる。枝変わりとして、花色がピンクに変化した「ピンクフレンチレース」がある。1982年AARS受賞。

【香り】微香

【花径】7～10cm【分類】FL【樹形・株張り】直立性【作出】1982年【販売元】J&P

フリージア
Friesia

リッチで奥行きのあるティーの香りがある。高めに剪定すると、より多くの花をつける。シュート更新せず、枝を太く成長させる品種。

【香り】強香

【花径】10～12cm【分類】FL【樹形・株張り】半直立性【作出】1973年【販売元】コルデス

ブルー バユー
Blue Bajou

中輪系では数少ない藤色の品種で、多花性のバラ。既存の紫系品種の中でも特に青みが強く、上品な花色と花型がマッチして、幻想的な雰囲気を醸し出している。

【香り】微香

【花径】10cm【分類】FL【樹形・株張り】半直立性【作出】1993年【販売元】コルデス

木立ちタイプ／中　｜　中間タイプ　｜　つるタイプ

リベルラ
Libellula

花色はライラックラベンダーから淡いシルバーへと変化する。花びらは幾重にも織り込まれたレースのように繊細で、ゆるやかに抱えるように咲く。花つきがとてもよく、たわわに咲きだす姿が美しい。さわやかなマスカットのような芳香。切り花品種特有の花持ちのよさ、花つきのよさも魅力。花名はギリシャ周辺の水域に生息する、青いトンボに由来する。今井ナーセリー作出。

【香り】強香

【花径】8cm【分類】F【樹形・株張り】半直立性【作出】2016年【販売元】京阪園芸

クチュールローズ チリア
Couture Rose Tilia

細く硬くしなやかな枝ぶりとこの花のひらひら感が実によく合っている。見かけによらず、弱くはない。しばらく剪定不要で、木を育てる。洋風の庭でも和風の庭でもマッチする雰囲気があり、鉢植えにも向く。樹勢は弱いので、周りに大きなバラや草花を植えずに、単独で慈しんで育みたいバラ。

【香り】中香

【花径】8〜9cm【分類】FL【樹形・株張り】横張性【作出】2010年【販売元】河本バラ園

アイコニック レモネード
Eyeconic Lemonade

ペルシカの改良品種。花の中心に鮮烈な赤いアイが入り、中心の赤色は高温期に薄くなる。シーズンを通してくり返し開花する、コンパクトシュラブ。

【香り】微香

【花径】7〜8cm【分類】FL【樹形・株張り】シュラブ【作出】2011年【販売元】メイアン

アイコニック ピンク レモネード
Eyeconic Pink Lemonade

ペルシカの改良品種で、花の中心に鮮烈な赤いアイが入る。中心の赤色は高温期でも現れる、退色してくると赤紫になる。シーズンを通してくり返し開花する。

【香り】微香

【花径】6cm【分類】FL【樹形・株張り】シュラブ【作出】2011年【販売元】メイアン

しのぶれど
Shinoburedo

青みを帯びた、淡い藤色の奥ゆかしい花色と花型で、和の雰囲気を感じさせるバラ。花名は「しのぶれど色に出でにけり わが恋は」という平兼盛の和歌にある、忍ぶ恋心をイメージしたもの。中大輪の花を4〜5輪つけ、春は花が株全体を覆う。秋の花つきはやや少なめなので、夏の整枝は浅めに行うこと。ダマスクモダンにティーを含ませた香り。

【香り】中香

【花径】7〜9cm【分類】FL【樹形・株張り】直立性【作出】2006年【販売元】京成バラ園芸

真夜
Mayo

黒と赤、紫が混ざった複雑な色彩とダマスク系の強い芳香が魅力。枝はとげが少なく、しなやかに広がり、イングリッシュローズのような姿。剪定は浅めに行う。花持ちがいい。河合伸志作出。

【香り】強香

【花径】8cm【分類】F【樹形・株張り】半横張性【作出】2011年【販売元】大森プランツ

フレグラント アプリコット
Fragrant Apricot

やわらかいアプリコットの花色とややウェーブのかかった花型が溶け合うように調和した花を咲かせる。花つきがよく、アプリコットやピーチを思わせる香りとダマスクの強香をあわせ持つバラ。暑さに強く、夏の花色がすばらしい。

【香り】強香

【花径】10cm【分類】FL【樹形・株張り】直立性【作出】1999年【販売元】J&P

プリンセス アイコ
Princess Aiko

敬宮愛子内親王殿下のご誕生を祝して名づけられたバラ。つぼみから巻いた花弁が開いていく様子が優雅で大変美しく、皇太子ご夫妻の愛情に包まれた愛らしい内親王様そのもののイメージの花。花つきがすばらしくよく、長く咲き続ける。2001年にJRC銅賞を受賞している。

【香り】微香

【花径】9cm【分類】FL【樹形・株張り】直立性【作出】2002年【販売元】京成バラ園芸

ベルベティ トワイライト
Velvety Twilight

花弁は強く、花持ちがよい。周年、よい花を咲かせる。ダマスク系の強香を放つ。株はコンパクトにまとまるので、鉢植えに向く。肥料を多めにして栽培するのがよい。河合伸志作出。

【香り】強香

【花径】9cm【分類】F【樹形・株張り】半直立性【作出】2010年【販売元】大森プランツ

琴音
Kotone

淡桃色の地に、中心部の輝くようなアプリコット色がさわやかに入るバラ。ソフトでやわらかな雰囲気を醸し出していて、他の草花との植栽も調和しやすい。多花性の品種。

【香り】中香

【花径】8〜10cm【分類】FL【樹形・株張り】横張性【作出】2002年【販売元】京成バラ園芸

オリンピック ファイアー
Olympic Fire

印刷で表現しきれないのが残念なほど、輝くようなまぶしい色彩。房咲きで花持ちが非常に長く、シーズンを通して咲き続けるバラ。株は横張り性で、やや矮性ながら非常に強健な品種。強烈な個性のある花色なので、はっきりした色彩の植物と合わせたい。

【香り】微香

【花径】9〜10cm【分類】FL【樹形・株張り】横張性【別名】Olympisches Feuer '92【作出】1992年【販売元】タンタウ

結愛
Yua

「ラ フランス」を彷彿とさせるクラシカルな剣弁高芯咲きで、花弁が多く、強く香る。花色は紫ピンクで裏が濃い。秋深く咲いた花はさらに青みが増し、独特の雰囲気。花つきがよく、直立性の細立ちでコンパクトにまとまるので鉢植えにも向く。「フルーティーで蜜のような強い甘さと、ややメタリックな特徴を持った華やかな香り」と国際香りのバラコンクールで評される。

【香り】強香

【花径】9cm【分類】FL【樹形・株張り】直立性【作出】2011年【販売元】京成バラ園芸

ブラック バッカラ
Black Baccara™

花びらが厚くしっかりしているので、黒バラにありがちな日焼けがほとんどない。花持ちがよく、花立ちも多いため、切り花としても人気がある。つぼみが特に美しい。

【香り】微香

【花径】9～11cm【分類】HT【樹形・株張り】直立性【作出】2000年【販売元】メイアン

ニコロ パガニーニ
Niccolo Paganini

中輪系の赤バラの中では、非常に整った剣弁高芯咲き。花持ちがよく、株は樹勢が強く丈夫。花名は19世紀の著名なヴァイオリニストの名に由来する。

【香り】微香

【花径】8～10cm【分類】FL【樹形・株張り】横張性【作出】1993年【販売元】メイアン

マロン
Marron

美しい茶色のロゼット咲きを次々を咲かせる。鉢植えで手をかけて育てると応えてくれるバラ。黒星病に注意する。

【香り】中香

【花径】7cm【分類】F【樹形・株張り】横張性【作出】2016年【販売元】バラの家

木立ちタイプ—中

中間タイプ

つるタイプ

フェルゼン伯爵
Le Comte Fersen

中輪系には珍しい強香品種で、開くにつれ花弁は波打つ。一茎に5輪ほどの房咲きで、次々と咲き、美しく巻いたつぼみが開いていく過程も美しい。コンパクトで鉢植えでも楽しめる。2010年ローズヒルズ芳香賞受賞。

【香り】強香

【花径】9〜10cm【分類】FL【樹形・株張り】横張性【別名】Singin' The Blues【作出】2009年【販売元】メイアン

ガブリエル
Gabriel

グレーがかった白の花びらの中心にほんのり淡い紫がかかる神秘的な雰囲気があり、ブルー系の甘くさわやかな香りも魅力的なバラ。鉢植えで育てるのがおすすめ。切りすぎは禁物。剪定はしても、冬のみに。

【香り】強香

【花径】8〜9cm【分類】FL【樹形・株張り】半直立性【作出】2008年【販売元】河本バラ園

ファイヤーワークス ラッフル
Fireworks Ruffle

花弁の切り込みが特徴的な「ラッフル ローズ」シリーズ。春は菊のように細く黄色い花弁の先が赤味がかり、花火のよう。夏の高温期には、黄色一色になる。コンパクトな木バラで、鉢にも向く。

【香り】中香

【花径】8〜9cm【分類】FL【樹形・株張り】半横張性【作出】2014年【販売元】インタープランツ

花霞
Hanagasumi

美しいセミダブルの花を株いっぱいにたくさん咲かせる人気品種。花弁の縁のピンク色が鮮やかで愛らしく、ピンクのぼかしが徐々に広がり、和の雰囲気にもよく合う。日当たりのよい場所を好む。

【香り】微香

【花径】7〜8cm【分類】FL【樹形・株張り】横張性【作出】1985年【販売元】京成バラ園芸

ニコール
Nicole

著者の知る中では、もっとも美しい覆輪のバラといえる。色の鮮やかさ、花と縁取りのバランス、花つきのよさ、どれをとっても申し分ない。ただし、育てにくいというのが難点。

【香り】微香

【花径】7〜10cm【分類】FL【樹形・株張り】横張性【作出】1984年【販売元】コルデス

リオ サンバ
Rio Samba

橙色のあでやかな花を次々と咲かせる様子は、リオのカーニバルを思わせるとてもにぎやかな雰囲気の品種。半剣弁咲きの早咲き、多花性の品種。1993年AARS受賞。

【香り】微香

【花径】10〜13cm【分類】HT【樹形・株張り】半横張性【作出】1993年【販売元】J&P

ラベンダー メイディランド Lavender Meidiland

花色は表がラベンダーピンクで、裏はラベンダー色です。カップ咲きのかわいい花は、晩秋まで次々咲く。株の伸長は1mほどで、家庭での庭植えに適す。枝は細立ちで、多くのベーサルシュートは伸び過ぎないのが特徴です。とげも少なめで扱いやすい品種。黒点病とうどん粉病には特に強く、肥料も元肥だけで充分育つ。放っておくと直径1mほどの株に成長する。2006年ADR受賞。

【香り】微香

【花径】4〜5cm【分類】ミニバラ【樹形・株張り】コンパクトシュラブ【作出】2008年【販売元】メイアン

ピーチドリフト Peach Drift

ソフトピーチアプリコットに、裏は黄色がかかる。春から晩秋まで咲き続ける。50cmくらいでふんわりと小さく茂るので、グランドカバーや鉢植えに向く。丈夫で耐病性に優れる。

【香り】微香

【花径】4.5cm【分類】Sh【樹形・株張り】ミニシュラブ【作出】2006年【販売元】メイアン

ピンクドリフト Pink Drift

一重咲きの鮮やかなピンクの花の中央に白が入る。とても花つきがよく、シーズンを通してあふれるようにくり返し咲き続ける。咲き終わった花は自然に落ちるので手入れも楽。病気、暑さ、寒さに強い。ナチュラルガーデン向き。

【香り】微香

【花径】3〜4cm【分類】Sh【樹形・株張り】横張性【作出】2006年【販売元】メイアン

ロザリー ラ モリエール
Rosalie Lamorlière

『ベルサイユのばら』に登場する少女ロザリーの可憐で清純な人柄を表したバラ。咲きはじめはピンクのハンドペイントがうっすらと乗り、開花につれてふんわりと愛らしい桜ピンクのロゼット咲きになる。コンパクトな樹形のため、鉢植えとしてもおすすめ。

【香り】微香

【花径】5〜6cm【分類】FL【樹形・株張り】横張性シュラブ【作出】2014年【販売元】メイアン

岳の夢
Gaku no Yume

ストロベリーレッド&ホワイトの色鮮やかな花。一房に10輪以上のつぼみをつける。うどんこ病、黒星病に強く、耐暑性、耐寒性もある。名はドラマ『風のガーデン』(倉本聰脚本)のヒロインの弟の名から。2009年ADR、ほか多数受賞。寒冷地で大きく育つ。

【香り】微香

【花径】4〜5cm【分類】ミニバラ【樹形・株張り】半横張性【作出】2011年【販売元】コルデス

ゴールデンボーダー
Golden Border

明るい黄色の丸みのあるカップ咲きで、とても花つきがよく、ブーケのように房になって咲く。夏も休みなく、咲き続ける。より多く花を咲かせるためには、夏は剪定せずに花がら摘みのみにし、冬の剪定も深くはしないのがポイント。とげが少ない品種なので扱いやすい。寒さや病気に強い強健種。花壇、鉢植え、通路の植栽に向く。

【香り】中香

【花径】5〜7cm【分類】FL【樹形・株張り】直立性【作出】1987年【販売元】メイアン

アール ヌーヴォー
Art Nouveau

セミダブルの赤い花弁の中央に、ステイブル・ストライプと呼ばれる黄色の筋が入る個性的な色彩のバラ。花つきがよく、小さめの花が次々と咲く。枝や花首が細めですらりとしていて、株はコンパクトにまとまるので、鉢植えに向く。Peter j. james 作出。

【香り】微香

【花径】6cm【分類】F【樹形・株張り】半直立性【作出】2009年【販売元】ワーナー

ラルサ バビロン
Larsa Babylon

咲きはじめはオレンジイエローで、開花すると乳白色となり、赤いブロッチが美しく浮かび上がる。こんもりとした樹形の上に多くの花が咲き乱れる姿は必見。樹はコンパクトにまとまる。花名はバビロニア王朝時代の都市名に由来する。

【香り】微香

【花径】5cm【分類】FL【樹形・株張り】半横張性【作出】2012年【販売元】インタープランツ

ベビー ロマンティカ
Baby Romantica

目にもまぶしい鮮やかな色彩で、涼しくなると赤みが強まり華やかな印象で、切り花としても人気の品種。房咲きで花つき、花持ちがよくアレンジメントにも向く。株はコンパクトなので、鉢植えに向く。肥料の与えすぎには注意する。写真は秋の花色。

【香り】微香

【花径】6〜8cm【分類】FL【樹形・株張り】直立性【作出】2003年【販売元】メイアン

チャーリー ブラウン
Charlie Brown

ブラウンの波打った花弁が美しく、開花した後も周年色彩が安定している。早咲き性で次々と連続的に開花し、花持ちもいい。ミニとしては貴重なスパイス系の強い芳香を放つ。枝にはしなやかさがあり、株はコンパクトにまとまるので、鉢植えに向く。河合伸志作出。

【香り】中香

【花径】5cm【分類】Min【樹形・株張り】半横張性【作出】1996年

木立ちタイプ｜小

中間タイプ

つるタイプ

ナエマ
Nahéma

四季咲きの大型直立性シュラブ。芳醇で、すがすがしい香りがする。2006年ぎふ国際ローズコンテスト銀賞、ベストフレグランス賞を受賞している。

【香り】強香

【花径】9cm【分類】Sh【樹形・株張り】直立性シュラブ【作出】1991年【販売元】デルバール

マリア テレジア
Maria Theresia

18世紀の女帝の名にふさわしい、貴婦人のようなクォーターロゼットの花型と波打つ花弁がエレガント。木はとても丈夫でしっかりとした枝ぶりなので、かたわらにグラス類やヘメロカリスを植えるとバランスがよい。

【香り】微香

【花径】6〜7cm【分類】Sh【樹形・株張り】横張性【作出】2003年【販売元】タンタウ

ル シエル ブルー
Le Ciel Bleu

ふんわりと茂る中型シュラブで、無農薬栽培も可能。小型のつるバラとしても仕立てることができる。第14回ぎふ国際ローズコンテスト金賞受賞。

【香り】微香

【花径】8cm【分類】Sh【樹形・株張り】半横張性シュラブ【作出】2012年【販売元】ばらの家

アルテミス
Artemis

オールドローズの魅力と現代バラの葉の美しさ、丈夫さを融合させたバラ。小ぶりの花が3〜5輪の房咲きになる。さわやかなアニスの香りも魅力。黒星病、うどん粉病に特に強く、育てやすい。宿根草花壇で魅力を発揮する。

【香り】中香

【花径】6cm【分類】Sh【樹形・株張り】直立性シュラブ【作出】2009年【販売元】タンタウ

ウィリアム アンド キャサリン
William and Catherine

シャローカップ咲きで、オールドローズの特長を引き継いでいる。やわらかなクリーミーアプリコット色から純白へと変化する。比較的まっすぐに伸びてよく茂る。ミルラ香がする。強健種。ロイヤル・ウェディング皇室結婚式を祝したバラ。

【香り】中香

【花径】8cm【分類】Sh【樹形・株張り】半直立性【作出】2011年【販売元】D.Austin Roses

ブルー フォー ユー
Blue for you

とてもさわやかな青みが目をひく薄紫の個性的な色合いが魅力のセミダブルの房咲きバラ。色は気温によって変化し、寒冷地や半日陰ほど鮮やかになる。スパイス系とブルー系の芳香がある。耐病性に優れ、樹勢も強い。Peter j. james 作出。

【香り】中香

【花径】9cm【分類】Sh【樹形・株張り】直立性シュラブ【作出】2007年【販売元】ワーナー

ローズ ポンパドゥール
Rose Pompadour

艶やかなポンパドゥールピンクのカップ咲きから、開くにつれ淡いラベンダーピンクのロゼット咲きに変化する。特に魅力的な芳香品種。耐病性が強くよく茂る。四季咲きのショートクライマーとしてアーチやオベリスク仕立てにすると魅力を最大限に発揮する。夏場のほうがかわいらしい花型で咲く。鉢植えにも向く。

【香り】強香

【花径】10〜12cm【分類】Sh【樹形・株張り】シュラブ【作出】2008年【販売元】デルバール

ムーラン ド ラ ギャレット
Moulin de la Galette

オレンジにサーモンピンクやベージュのグラデーションが美しいロゼット咲きのバラ。夏でも花姿が美しいことが魅力。まとまった樹形で耐病性も強く育てやすい。

【香り】中香

【花径】10〜12cm【分類】Sh【樹形・株張り】シュラブ（HT系）【作出】2014年【販売元】河本バラ園

スーリール ドゥ モナリザ
Sourire de Mona Lisa

花つきがよく、ロゼット咲きのスカーレットの花が咲き乱れる姿は見事。葉は新枝の時は赤みを帯び、緑色が濃くなっていく照り葉で、病害虫に優れた抵抗力がある。枝がシュラブ状によく伸びるバラなので、フェンス、トレリス、オベリスク仕立てに適す。冬に枝を短く切ってもよく咲く。花名はレオナルド・ダ・ヴィンチの名画に由来し「モナリザの微笑」を意味する。2004年ADR受賞。

【香り】微香

【花径】9〜10cm【分類】FL【樹形・株張り】半直立性シュラブ
【別名】Mona Lisa【作出】2008年【販売元】メイアン

ポンポネッラ
Pomponella

濃桃色のころころとした丸いつぼみは、開くにつれてディープカップの10〜15輪の房になる。カップ咲きで大変かわいらしく、ノスタルジックな雰囲気のバラ。葉の深い緑の照葉が花を引き立てる。くり返し咲く性質もよく、家庭では花壇で大型シュラブとして使うか、低いフェンスに仕立てる。リンゴのようなさわやかな香りがする。強健品種で、特に黒点病に強い。2006年ADR受賞。

【香り】微香

【花径】4〜6cm【分類】Sh【樹形・株張り】半横張性シュラブ【作出】2005年【販売元】コルデス

中間タイプ｜中

オベリスク仕立て

ロートケプヘン
Rotkäppchen

深い赤色をしたカップ状のロゼット咲きの花は、一枝5輪ほどの房咲きになる。花弁はしっかりしていて、褪色が少なく、鮮やかな花色が長持ちする。花つきがよく、くり返し咲く。照り葉が美しく、黒星病に強い。秋になるととてもやわらかい長めの枝が出るので、小型のつるバラとしても扱える。真冬の枝は硬くなるので初冬までに誘引する。花名は、グリム童話の「赤ずきん」に由来する。2009年リヨンFL部門金賞受賞。

【香り】微香

【花径】7cm【分類】FL【樹形・株張り】直立性【別名】The 1812 Rose、Red Riding Hood - Fairy Tale、Maranello Rose®、Chaperon Rouge【作出】2007年【販売元】コルデス

ベル ロマンティカ
Belle Romantica

濃黄色の小ぶりな花を鈴なりに咲かせ、庭を明るく彩る。淡緑色の葉と花色とのコントラストはさわやかな印象がある。樹勢がよく、枝がシュラブ状によく伸びるので、つるバラとして仕立てることもできる。レモンが混じるさわやかな香りがある。丈夫で育てやすい品種。ベルはフランス語で「美しい」という意味を表す言葉。2008年ADR受賞。

【香り】中香

【花径】6〜7cm【分類】FL【樹形・株張り】直立性シュラブ【作出】2009年【販売元】メイアン

ポール仕立て（奥）と
花壇仕立て（手前）にした見本園

スーパー トゥルーパー
Super Trouper

花弁の表はオレンジ色、裏は黄色で鮮やかな色合い。花つきがよく、数輪が房になって咲く。コンパクトでまとまりのよい樹形なので、鉢植えに適す。花つき、花持ちがよく、耐病性にも優れ、初心者のバラ栽培にも向く。多くの国際的なコンクールで賞を受賞している。

【香り】微香

【花径】8cm【分類】F【樹形・株張り】半横張り【作出】2009年【販売元】フライヤー

エドゥアール マネ
Edouard Manet

淡い黄色に明るいピンクの絞りが華やか。中大輪のカップ咲きで花弁の先に時折切れ込みが入る。甘いフルーツの香り。とげは少なく、しなやかな枝がよく伸びるが、四季咲き性も良好なのでアーチやフェンスなどの仕立てに向く。耐病性が強く育てやすい。

【香り】強香

【花径】8cm【分類】Sh【樹形・株張り】シュラブ【作出】2016年【販売元】デルバール

ペイズリー アビイ
Paisley Abbey

波打ったルビーレッドの花弁があでやかなバラ。やや散開状になり、剪定で小型に仕立てることもできる。伸びた枝を誘引すると小さなつるになる。花持ちが抜群の品種。花名は、同盟のスコットランドの修道院の建造850周年を記念して命名された。

【香り】微香

【花径】8cm【分類】Sh【樹形・株張り】散開状シュラブ【作出】2014年【販売元】ハークネス

ルージュ ピエール ドゥ ロンサール Rouge Pierre de Ronsard

印象的なクリムゾンレッドの花は、ゴージャスな大輪で、それにふさわしいスミレのニュアンスに、スパイシーさを含んだダマスクの濃厚な香りがする。ひとつの茎に1～5輪と花つきがよい。葉は照り葉。冬の時期に短く剪定しても春に咲く。「ピエール ドゥ ロンサール」とは血統関係はないので、性質は異なる。

【香り】中香

【花径】10cm【分類】CL【樹形・株張り】つる性【別名】Eric Tabarly®、Red Eden Rose【作出】2002年【販売元】メイアン

まほろば　Mahoroba

ラヴェンダーと茶が混じるニュアンスのある色合いの房咲き性のバラ。早咲きで、春から秋まで返り咲く。スパイスとミルラをミックスした強い芳香を放つ。誘引する仕立てにしても、切り詰めても、楽しめる。樹勢は強い。河合伸志作出。

【香り】中香

【花径】8cm【分類】Sh【樹形・株張り】半横張性【作出】2012年【販売元】大森プランツ

アメジスト バビロン　Amethyst Babylon

原種「ロサ ペルシカ」を元に改良されたバビロンシリーズのひとつ。花つき、花持ちがよく、一枝に7輪程の房になる。実がつきやすいので定期的に花がらを摘むと、より多くの花を楽しむことができる。シリーズの中ではとげが少ない。冬の剪定で短く切っても春に花を咲かせる。

【香り】微香

【花径】6〜8cm【分類】Sh【樹形・株張り】横張性シュラブ【作出】2013年【販売元】インター プランツ

レイニー ブルー
Rainy Blue

やさしいパールヴァイオレットカラーの繊細な雰囲気の花で、一輪いちりんは、花弁の多いロゼット状に咲き、房咲きになる。葉はかわいい小葉種だが、樹勢がよく、丈夫で育てやすい品種。低めのフェンスやアーチに仕立てることもできる。マンションなどでのプランター栽培にも適している。放任すると伸びないが、ミニバラとして楽しめる。

【香り】微香

【花径】6cm【分類】Sh【樹形・株張り】横張性シュラブ【作出】2012年【販売元】タンタウ

スージー
Susie

赤みのあるつぼみで、開花するとオレンジ色になる房咲きのバラ。照り葉と花色とのコントラストも美しい。柑橘系のとてもよい芳香を放つ。花つきがよく、直立性の樹形で誘引すれば、小さな香るつるバラになり、冬剪定で短く切れば、花壇用のバラとして楽しめる。耐病性抜群で、無農薬でも栽培することができる。

【香り】強香

【花径】5〜8cm【分類】Sh【樹形・株張り】直立性シュラブ【作出】2015年【販売元】ハークネス

ブラン ピエール ドゥ ロンサール
Blanc Pierre de Ronsard®

大人気品種「ピエール ドゥ ロンサール」の枝変わりで、中心部のピンク色がよりソフトで、開くにつれて白一色になる。花はうつむき加減に咲く。花つき、花持ちのよい品種で、冬に枝を横に誘引すると、さらに花つきがよくなり、また短く剪定しても大変よく咲く。ブランはフランス語で「白の」という意味。

【香り】微香

【花径】9〜12cm【分類】Sh樹形・株張り】つる性【作出】2005年【販売元】メイアン

ロゼ
ピエール ドゥ ロンサール

「ピエール ドゥ ロンサール」の枝変わり。シリーズの中では、やや花弁数が多いバラ

ピエール ドゥ ロンサール　Pierre de Ronsard

クラシカルな花型と繊細な色合いが調和した、とても美しい人気品種。ボリュームのある大輪花ながら、春は株を包み込むようなすばらしい花つきになる。天候、気候によって桃色の濃さに差がある。花名は、"バラの詩人"と呼ばれた16世紀フランスの詩人の名前から。2006年世界バラ会連合殿堂入り品種。

【香り】微香

【花径】9～12cm【分類】Sh【樹形・株張り】つる性【作出】1986年【販売元】メイアン

ラ ローズ ドゥ モリナール
La Rose de Molinard

明るいピンクの大輪花で、カップ咲きから咲き進むにつれてロゼット咲きになる。香りが強く、花名はフランスの香水メーカーの名に由来する。半日陰でもよく花をつける大変病気に強い強健種。

【香り】強香

【花径】8～10cm【分類】FL【樹形・株張り】シュラブ【作出】2008年【販売元】デルバール

グラハム トーマス
Graham Thomas

純黄色のカップ咲きで、花弁数は60枚ほどの中輪。ティーローズの香りがする。茎がよくしなり、ゆるやかな弧を描く。樹高は約1.7m。四季咲き性が弱く、生育中は切り戻さないこと。冬の剪定で株の大きさを調整する。日本では小型のつるバラとしても利用できる。

【香り】中香

【花径】8〜10cm【分類】Sh【樹形・株張り】半つる性【作出】1983年【販売元】D.Austin Roses

グランデ アモーレ
Grande Amore

剣弁高芯の花型がすばらしい正統派の赤バラで、花名の「大きな愛」の名の通り、情熱的でロマンティックな花。つぼみは長くスマートで、1房に2〜3輪の花をつける。寒冷地ではブッシュローズとしても楽しめる。耐病性に優れる。2005年ADR受賞。

【香り】微香

【花径】8〜11cm【分類】HT【樹形・株張り】大型直立性ブッシュ【別名】My Valentine、Walter Sisulu【作出】2004年【販売元】コルデス

マリー ヘンリエッテ　Marie Henriette

香りに優れたバラ。うどんこ病、黒星病に特に強く、耐寒性もあり。真っ直ぐ上に誘引しても、株元から枝先まで美しい円形の花をつける。花名はバラ界で活躍した女性の名前から。

【香り】強香

【花径】9～10cm【分類】Sh【樹形・株張り】シュラブ【作出】2013年【販売元】コルデス

ローブ ア ラ フランセーズ　Robe a la française

ブラウンがかったピンクがおとなの雰囲気を漂わせるバラ。ブッシュ仕立てにしたり、伸ばしてオベリスクに巻いて誘引したりと、さまざまな仕立て方で楽しむことができるのが魅力。

【香り】微香

【花径】8cm【分類】Sh【樹形・株張り】シュラブ【作出】2011年【販売元】河本バラ園

アミ ロマンティカ　Amie Romantica

咲きはじめの花は丸く、かわいらしい雰囲気で、ふんわり大きく開花する。真っ直ぐ上に誘引しても3～5輪ほどの房になり、株元から枝先までよく咲く。家庭用のアーチやオベリスクにジャストサイズの香る四季咲きつるバラとしておすすめ。花弁質が強く、花持ちがよい。耐病性が高い。アミはフランス語で「女友達」という意味。

【香り】中香

【花径】7～8cm【分類】Sh【樹形・株張り】シュラブ【作出】2010年【販売元】メイアン

クリスティアーナ Christiana

ライラックピンクで外側ほど白くなる。繊細な雰囲気のカップ咲きの花で、初期はゆっくりと開花する。レモンを思わせる香りがすばらしい。うどんこ病、黒点病に強い。2014年フランス・サヴェルヌ国際コンクール芳香賞などの受賞歴あり。

【香り】強香

【花径】8cm【分類】Sh【樹形・株張り】シュラブ【作出】2013年【販売元】コルデス

アンジェラ
Angela

フェンスに仕立てると、ころっとした花が一面に咲き誇る。つるに仕立てると2m近いベーサルシュートが伸び、株全体では3mほどの大株に育つ。切りつめて花壇用にもできるが、この場合はベーサルシュートが1.5mほどになる。いずれもベーサルシュートの先に大きな房で咲く。切っても曲げても咲くので、初心者でも簡単につるバラの雄大な光景がつくり出せる。枝も曲げやすいので、低いフェンスにもできる。

【香り】微香

【花径】4～5cm【分類】Sh【樹形・株張り】シュラブ【作出】1988年【販売元】コルデス

Chapter 4
バラをめぐる旅

modern
roses

モダンローズの歴史

今日、私たちが目にするバラたちの多くは、ここに至るまでにさまざまな偶然が重なり、先人たちによって蓄積されたものです。
バラの歴史において、モダンローズの誕生は人工交配による新しいバラの世界の幕開けでもあります

バラ属の誕生と拡散

バラはヒマラヤ山脈の南側ふもとに多くの野生種が見つかっていることから、ここがバラの発生地であろうと考えられています。5000万年前のバラの化石が見つかっているそうなので、インド大陸がユーラシア大陸にぶつかってヒマラヤが隆起するころにあたります。

バラが元々は、インド大陸、ユーラシア大陸のどちらの大陸にあったのかということはわかっていませんが、海沿いの気候から大陸性気候に変化し、さらに激しい隆起という劇的な地形変化によって、広範囲にわたり多様な環境を生み出したことでしょう。この多様な環境に適応せざるをえなかったことが、種の分化の原動力になったのかもしれません。

どんな植物でも、発生地にはもっとも多くの種が存在し、ここから離れるにしたがい、環境による淘汰によって種の数が減りながら広まってゆきます。バラの発生地ヒマラヤ周辺からは遠く、発生源から見れば端にあたる西ヨーロッパやアメリカなどは、野生のバラが少ない地域になります。

モダンローズは、このバラの発生地からもっとも遠い西ヨーロッパで生まれました。世界各地に散らばり、広がっていったバラが西ヨーロッパに集まり、混ざり合って誕生したのです。モダンローズは、野生種の数がもっとも少ない国々が、経済的、技術的な発展により地球の反対側の地域にあるバラまで収集して構築した園芸品種なので、バラの歴史は人の経済活動や技術の発展の歴史といえるでしょう。

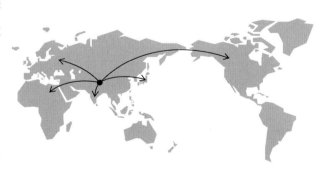

バラが世界に広がったルート

［モダンローズ誕生の素地］

●4つの系統

ヨーロッパに近い西アジアなどから集めたバラを基に発展した品種群としてガリカ、ダマスク、センティフォリア、アルバの4系統がありました。

●大航海時代に中国などから集めたバラ

18世紀末期から19世紀初頭

東アジアからチャイナローズが伝わりました。

1789年以前
　↓…スレイターズ・クリムゾン・チャイナ
1793年以前
　↓…オールド・ブラッシュ
1808年以前
　↓…ヒュームズ・ブラッシュ・ティー・
　　　センティッド・チャイナ
1824年以前
　　…パークス・イエロー・ティー・
　　　センティッド・チャイナ

他にも日本からノイバラ、ハマナスなどを導入しました。

●ナポレオン・ボナパルトの妻ジョゼフィーヌ

世界中のバラをジョゼフィーヌの居城マルメゾンに集め、巨大な温室をつくり、さまざまな植物をコレクションしました。パリは厳しい寒さになるので、基本的に鉢植えで栽培していたそうです。この温室で冬越しして、気候がいい季節に庭に並べ、飾っていました。

この場所から多くの新しいバラが生まれているのですが、この時代はまだ交配の概念がなかったため、自然交雑種や枝変わりと考えられます。豊富な品種があれば、自然交雑が起こり実を結びます。バラ好きのジョゼフィーヌが積極的に種まきを指示すれば、さまざまな雑種が誕生したことでしょう。

●バラの品種改良はフランスから

ジョゼフィーヌの時代からフランスでは次第に育種家が増え、さまざまなオールドローズの名花が生まれます。育種家の数は他の国と比べると突出していていました。特にシルクの輸出で栄えるリヨン近郊では1850年頃から以降、名家が名を連ねます。ハイブリッド・ティーやポリアンサをはじめて作出したギョー、黄色のバラを作ったペルネ、フランスを代表するメイアンの祖にあたるランボー、デュブルイなどです。

モダンローズの誕生

今までにないバラを生み出す──。育種家のロマンですね。

モダンローズという言葉は、ハイブリッドティー（以後HTと表記）という新しい系統に敬意を表してつけられたものです。つまり、HTの誕生がモダンローズの誕生なのです。HTという新しい系統のはじまりを飾る品種が、ちょうど今から150年前、1867年にジャン・バプティスト・ギヨーによって発表された「ラ フランス」です。リヨン郊外にあるナーセリーのひとつで作出されたこのバラは、命名に母国の名を使うほどの自信作だったことがうかがい知れます。この品種の実親はわかっていても、花粉親は不明です。まだ交配が行われていない時代の品種で、偶然の産物といってもいいでしょう。「ラ フランス」は3倍体で実ができにくいので、結果として木の生育はいいのですが、種が採りにくいため先に進みにくい品種でした。

真のHTの父ともいえるのは、イギリスの育種家ヘンリー・ベネットです。もともと牛の飼育をしており、優秀な牛を選んで種づけし、系統をつくり上げることをバラに応用し、科学的な交配育種を提唱した人といわれています。ティーローズの交配育種を手掛ける彼が、「ラ フランス」の斬新さに新しい系統名を提唱し、実のなる優秀なHTである「メアリー フィッツ ウィリアム」を育成したことで、HTの発展に寄与した人物です。

余談ですが、ギヨーはもうひとつの新系統ポリアンサの最初を飾る「パケレット」も1872年に発表しています。どんなに早くても品種の育成には3年、一般に5〜7年かかりますから、これも実生選抜品種で、交配をしたとは考えられません。実親を選ぶ選抜眼によほど優れていた人物だったのでしょう。

HTの発展に貢献した「レディ メアリー フィッツ ウィリアム」

ポリアンサ第一号の「パケレット」

[「ラ フランス」が画期的な理由]

まっすぐ立ち上がる枝の先に大輪のティーローズのような剣弁高芯の花が完全四季咲きで咲きます。また、すばらしい香りも備えています。

長い間バラは、ヨーロッパの初夏を象徴する芳しい花でした。チャイナローズの四季咲き性が、大輪で香しいバラを一年中楽しめるという夢を実現しました。この夢をひとつの形にしたのが「ラ フランス」だったといえます。中国で独自の園芸化をとげたバラを交配に使えたことがバラの劇的な進化につながりました。

加えて、ペルネデュッセが鮮やかな黄色の野生種「ロサ フェティダ」の八重咲きと当時四季咲き性のある最先端のハイブリッドパーペチュアルとの交配に成功。さらにその実生とHTの交配にも成功し、1898年には「ソレイユ ドール」という杏色で返り咲くフルーティーな香りのバラを発表しています。縁の遠い種の交配や、倍数性のことを考えると、執念と幸運の賜物といえます。

「フェティダ」にはオレンジの皮にも含まれる香り成分があり、今までにない香りをバラの世界にもたらしました。雨の少ない地域の原種なので、黒星病に極めて弱いという性質も黄色系は受け継いでいます。近年ようやく丈夫な品種が次々と発表されるようになりました。

「ソレイユ ドール」も3倍体で先に進みにくい品種ですが、これを基に交配を続けて黄色のHTまで作出したのですから、想像を絶する努力家だったのでしょう。

[中国のバラが貢献した要素]

ティーローズ	チャイナローズ
四季咲き	完全四季咲き
大きめの花	木立ち性樹形
花弁が反り返る剣弁	咲いてから色が濃くなる色変わり性
ティーローズ香	ミニバラの基になったミニマというバラがある
今までのバラにない淡い黄色の花	今までのバラにない濃く鮮やかな赤色

四季咲きで真紅の色をもたらした中国のバラ「センパフローレンス」

品種改良で4倍体に

　現在生み出されているバラのほとんどが4倍体です。細胞あたりの遺伝量が倍になっているため、細胞が大きくなり、木や花が大きくなったり、花や葉が厚くなったりして豪華になります。

　バラは品種改良の過程で4倍体になったことでより華やかな姿になったといえます。2倍体（野生タイプ）同士や、4倍体同士では種ができやすく、子も種ができやすいものです。2倍体と4倍体の掛け合わせでは種ができないことが多く、実現できても3倍体となり種がとれません。ここを突破するにはいくつかの偶然が必要です。

　そもそも4倍体になるためには、たまたま生じた倍数性の花粉が、たまたま生じた4倍体の胚と受粉しなくてはいけません。3倍体は不安定ながら稀に通常もしくは倍化した花粉や胚ができます。

　偶然のめぐり合わせとは膨大な不毛な交配果てにあるもの。豪華でカラフル、香水のように複雑な香りのバラが一年中楽しめるのは、先人の並々ならぬ努力があったからこそなのです。

日本のバラ

　日本へはいきなり四季咲き性のバラが導入されたこともあり、「バラは剣弁高芯の四季咲き」という偏った認識が定着していたように思います。1990年代までバラはきりりと巻き上がる大輪のみで、他の品種はバラではないかのような時代でした。そしてこの頃までは、HTと中輪タイプのフロリバンダは木立性、これの対となるものがつるバラとして栽培法がマニュアル化されていて、このマニュアルに沿った品種を選りすぐって販売していました。

　その後、イングリッシュローズが流行し、中間的なシュラブ樹形のバラが急拡大しました。幅広い樹形と性質のシュラブにマニュアルはありません。木の特徴をとらえて木立に準じるのか、つるバラに準じるのかを試して遊ぶということです。このシュラブというバラが広まったおかげで、今までの一般的な花壇用のバラは、あらためて木立ち性と表記されるようになりました。それまでは樹形が広がるか直立するかは書いてあっても、わざわざ木立ちといわなくても通じていたのです。

バラの未来

育種家だけでなく、一般の趣味家でも交配ができる時代にあって、
これからますます新しい、これまではつくれないと考えられていたようなバラが
誕生することでしょう。固定観念にとらわれず、柔軟な発想で、
すばらしいバラが生まれることを期待したいと思います。

興味を持って可能性を広げる

種をまくことは花を育てるうえで、これ以上ないドキドキ感のある楽しみです。交配という手法が広く知られる時代なので、一般趣味家でもバラの品種改良ができます。多くの国で自分の国に合ったバラや野生種、その選抜種を使ってさらに発展してゆくでしょう。最近急速に品種改良が進んだ、ペルシカ交配種というブロッチが入るバラなどもそのひとつです。今後のバラの改良の行く末が楽しみです。

四季咲き性は四季咲き性の親だけから生まれるものと考えていましたが、野生で生き残りにくいだけで、普通の一回咲きのバラでも多くの実生の中には突然変異で四季咲きが生まれても不思議ではないと思うようになりました。四季咲きの群落が野生にあったという話はまだ聞きません。たまたま人に見つかって栽培されたということでしょう。四季咲き性のあるノイバラやサンショウバラなどが見つかっていますから、野山の散策の時に出会えたらラッキーですね。

園芸のはじまりは、優れた野生選抜種からがスタートです。園芸種、野生種ともに興味を持つとその先の可能性が広がることでしょう。絶対病気にならない香り高いバラや、香りが降り注ぐバラの並木、冬場にマイナス20℃になる場所で防寒せずに楽しめる豪華大輪のつるバラ、完全な青いばら、室内に置いてもずっと咲き続けるばら。リンゴがなるように大きな木にまん丸い花がぶら下がって咲くばら……など、あったらいいなと思えるばらがまったくあり得ないとは思えないのです。

花の中心にブロッチ（アイ）が入るペルシカ交配種

バラの香り

モダンローズはさまざまな香りがブレンドされ、香水を思わせる洗練された薫るバラが数多く誕生してきました。
自然界では交わることのないバラが人の手によって出会い、本来は子孫を残せないような交配の壁を越えて今の香りが誕生したかと思うと、先人の情熱に敬服します。

香りを楽しむタイミング

　バラの香りはもとより複雑ですが、多くの野生のバラ、野生選抜のバラがそれぞれ固有の香りを持ち、交配され、香りがブレンドされたことによって、さらに香りが複雑化します。モダンローズの香りの幅広さは、植物界でも群を抜いています。

　「バラの花の香りを嗅いでみましょう」というと、満開の大きな花に鼻を近づける人が結構見受けられます。最大に開いた花は、すでに香りのピークを過ぎているので、香りがなくなっていたり、主要な香りの成分が欠けていたりして質の悪い香りに変わっています。もっとも香りを楽しめるのは、開ききる直前。よい香りがバランスよく含まれており、強く香ります。一重の場合は、半開でおしべから花粉が出はじめる頃です。

　気温も大切で、肌寒いと香りは出ず、暑いと香りが早く飛んでなくなってしまいます。初夏なら、4時過ぎに日が昇るので、暖かくなってくる7時〜9時の間、10月下旬は日の出が7時前と遅いので、10時〜12時の間に楽しみたいものです。春のバラは、寝坊するとよい香りに出会えません。「秋のバラは香りが強い」とよくいわれるのは、人の生活時間帯に香りのピークがくるからかもしれません。

バラの香りのルーツ

　バラは種それぞれに特有の香りがあります。これらが混ざり合い発展してきました。しかしどれだけの原種が香りのルーツにつながっているのかは、わからない部分があります。その中でも、香りのルーツの中心となったであろうのバラを紹介します。

　ロサと学名表記されるものは、野生もしくは野生に近いものが知られています。ほかは、野生選抜品種、もしくは自然交雑品種です。

■ 西洋バラ(初期のオールドローズ)

北アフリカ、西アジア由来と思われるバラが、11世紀頃の十字軍遠征でヨーロッパにもたらされ、発展しました。ダマスクとケンティフォリアは香りを語るうえで重要な存在です。

ロサ ガリカ

バラらしい香りがあるものの、香りの強さは後世に伝わるダマスクローズに遠く及ばず。半八重のオフィキナリスは医療用として役立っていました。大きめの花、初夏一回咲き。

ダマスクローズ

今でもバラの香料原料として貴重です。いわゆる「バラの香り」で、しっかりと甘く香ります。成立や原種はよくわかっていません。中大輪花、初夏一回咲き。

ケンティフォリア

ダマスクとは同系列の香りですが、やや軽めに感じます。成立や原種はわかっていません。中大輪花、初夏一回咲き。

ロサ モスカータ

「ムスクのような香り」という意味のバラですが、私の実体験ではあまり強く感じません。交配に使われハイブリッドムスクという品種群があります。花は小さめ、初夏一回咲きと四季咲きの2種が知られますが別種と判断できます。

■ 東洋のバラ

東洋のバラの中では、特にティーローズが香りに影響を色濃く残しています。甘すぎない香りで、男性に好まれることの多い香り成分です。

ティーローズ

名の由来は紅茶の香りがするバラだからとも、紅茶の国から来たバラだからともいわれています。この系統の中には、いかにもミルクティを思わせる香りや西洋バラとまったく異なるさわやかな甘い香りが感じられるものがあります。独特の香り成分は「ジメトキシメチルベンゼン」で「ロサ ギガンティア」に由来します。中大輪花、四季咲き。

ロサ ギガンティア

さわやかな香りが早春に漂うバラ。名前のギガンティアが「巨大な」を意味するだけあって、香りだけではなく、モダンローズの花や木が大きくなる性質にも貢献。ティーローズの香りを特徴づける成分「ジメトキシメチルベンゼン」を持つ唯一の原種とされ、ティー

ローズの成立に欠かせないバラだったことが科学的に証明されています。大輪花、晩春一回咲き。

ノイバラ

よく揮発する香りなので、花から数歩離れていても淡く香ります。すでに香りに包まれながら花に鼻を近づけることになるので、香らない花と勘違いされることもあります。交配の主流ではありませんが、房咲きの基となった種のひとつです。大変小さな花が大きな房となって咲きます。初夏一回咲き。

ハマナス

西洋バラのような甘い香りの奥にクローブのようなスパイス香があります。交配の主流ではありません。耐寒性。大輪花、不定期咲き。

■ 西アジアの黄色のバラ

ロサ フェティダ

名は「異臭のする」という意味。少し酸味のある香りで、オレンジの皮の成分の一部を含みます。柑橘やフルーツのような香りに関わります。バラの中でも縁が遠い種なので、交配しても種ができにくいうえ、できたとしても不稔性が多いです。黄色のバラを生み出す

左上：「ペルシアンイエロー」は純黄色と柑橘系の香りの基になった
右上：現在も香料原料として栽培される「トリギンティペタラ」。ダマスク香の基本の香り
右：ティーローズ香や大輪の基となった「ロサ ギガンティア」

さいに、色だけではなく、香りの進歩にも大きく貢献しました。中大輪、晩春一回咲き。

バラは豊富な香り成分を含む

香りの難しさは、香り成分が非常に多いことにあります。現在は、あらゆるバラの品種や種を調べて約500の成分あることがわかっています。その中でもよく香る成分だけをあげても、半数あるので、少しの成分の違いがバラの品種の個性を表すということがわかります。私の経験を含めると、香りは感じ方が人によって違うことが考えられます。以前、ジャコウの香りを嗅がせてもらった経験があるのですが、まったくわかりませんでした。アルコール臭はするものの、アルコールに溶けているジャコウ臭がわからなかったのです。一般生活ではなんの不便もないだけに、衝撃

的でした。つまり、すべての人がこの200を超える香り成分すべてを感じられるのかは、疑わしいのです。

作物としての長い歴史

紀元前から、すでにバラは大切な作物でした。バラの香りには抗菌作用があることが知られていて、炎症を抑える効果が期待できます。花びらの香りを移した油を傷口に塗る、お腹が痛くなったらバラの花びらジャムを食べる、などの民間薬的な話を聞くことができます。

薬がない時代は、直感的に身体によいもの、悪いものを敏感に感じ取っていたのかもしれません。また、バラは女性のためのハーブとしても知られており、月経不順や更年期障害緩和にも効果が期待できるそうです。

バラは、ハーブのように実用作物としての歴史が長い植物で、おもな栽培の目的が観賞用になったのは近代になってからのことです。

ローズウォーター&オイル

バラの価値をさらに高めたのは、ローズウォーターやエッセンシャルローズオイルです。アラビアで発達した錬金術は水蒸気蒸留という手法を産み出し、エッセンスを集めるという技が蒸留酒やローズウォーター生産に使われました。大量のローズウォーターを生産すると、同じ工程の中で、香りの本質であるローズオイルがわずかに得られます。バラの花3トンからとれるオイルはわずか1kg。この貴重さが「金よりも高い」といわれるゆえんです。

効果のある成分を濃縮し、長期保存が効き、運びやすく、使いやすい状態になったことで重要な交易の商材となりました。貴重で高価な舶来ものなので、王侯貴族などの限られた人々だけが手にできるものでした。

ローズウォーターもローズオイルも高価な輸入品だったので、十字軍が遠征時にバラを持ち帰った気持ちがよくわかります。

香りをつなげる仲介役

現在、ローズオイルは多くの有名ブランドの香水に含まれているそうです。それは、調香してさまざまな香りを合わせていく時、バラの香りを加えることによって調和が生まれるからだそう。複雑な香り成分から成るバラだからこそ、橋渡し役を担えるのでしょう。

香りの研究はバラにはじまりバラに終わる、奥深いものと聞きます。香水を手にすることがあれば、バラに思いを巡らせてみると、いつもとは違う香りを感じるかもしれません。

宗教と結びついたバラ

　バラは、イスラム教、キリスト教ともに聖なる花とされ、ローズウォーターが聖水に使われているそうです。宗教と結びつくと、誰でも知っている花となるのに、そう時間はかかりません。無数の植物がある中で、世界の多くの人が食べものでもないバラを知っているということが、どれだけこの花が稀有な存在であるかということに思いがめぐります。

心身に働きかける香り

　食べものと違い、香りは鼻の嗅粘膜からダイレクトに取り入れられて脳の根幹に作用します。その効き目の早さ、手軽さには目を見張るものがあります。香りが医療の現場で役に立つかという検証が、蓄えられてきています。

　ティーローズに含まれる「ジメトキシメチルベンゼン」は、リラックス効果が高いと医学的にも証明されている成分です。ストレス緩和に役立つ香りなので、肌も修復機能が順調に働いてきめが整うそうです。

　古くから医学的な根拠は見つかっていないながらも、心身に有効であると信じ続けられてきたのには、理由があるはずです。そもそも香りを嗅いで心地がよいということは、身体が求めているものだからではないでしょうか。なんとなくバラの香りが身体や精神によいと感じるだけでなく、医学的な根拠が数多く見つかることを願います。今後の発展に期待しましょう。

香りのよい切り花

　心地よい香りのバラを見つけたら、庭やベランダで育み、切り花として部屋に飾るのもすてきです。葉をたくさん木に残すように切れば、次の枝葉が伸びて元気になります。人にとっても、バラにとってもいい関係となるのが「切り花」といえるでしょう。

　「香りのよい切り花を買う」という考え方もありますが、香りの強い切り花というのは極めて少数派。なぜなら香りの強いバラは花が早く開いて散りやすく、しかも繊細で傷つきやすいという欠点があり、箱に入れて長距離運ぶにはありがたくない性質を今のところ共通して持っているからです。香りのいい切り花の新品種も発表はされるものの、なかなか定着しません。農家にとっても、花屋にとっても、切り花を使う人にとっても優れているバラの実現への道は険しいのです。これからのバラの発展を待ちましょう。

column
4

台木と台芽

一度取り損ねると年々立派な台芽が生えるようになってしまう

バラは優れた品種の枝、一芽から一株に増やして販売されます。この一芽を一年で若木に育てるため、栄養を蓄えたノイバラの根の力を借ります。ノイバラは日本に広く生える丈夫なバラですから、無理なく根が地面となじみます。

接ぎ木される根を台木、接ぐ品種の枝を穂木と呼びます。ノイバラは根には芽がありませんから、双葉が生えていた場所を切り落とせば、芽吹くことができません。ところが、ごくまれにノイバラの芽の切り落とし位置が悪くて、ノイバラの芽が残っている場合があります。台木から出る芽を台芽といいますが、台芽は勢いがあるので、穂木が育たなくなってしまいます。台芽は若木であるほどあなどれません。

大事なのは一番最初の対応で、「台芽は、即！ 台木から手ではがしとる」ことです。台芽をはさみで切ると、生え際に芽が残り永遠に台芽が出続けることになります。枝が草のようにやわらかいうちにはがし取りましょう。枝が固くなってしまうと難しくなります。はがし取るコツは、枝が生えた逆の方向にはがすことです。

本書で推奨している深植えは、「台木が出やすくなるからしてはいけない」といわれることがあります。しかし元々芽がないので、深く植えても台芽は出ません。「台芽が残った大苗を深植えした場合は、台芽をはがしにくい」という意味だと思います。ただし海外の台木の中には台木の根全体、どこからでも芽吹く性質のものがあるので、これは見つけ次第はさみで切るのが現実的です。この台木は根の途中からでも芽ができて伸びだすので、苗の周り半径40cmはどこからでも生えてきます。

バラの病害虫防除

バラは一度根づいて日がよく当たる環境にあれば、意外と丈夫なものです。
しかし、病害虫対策には、特に丈夫な品種でないかぎりは、薬剤による対処が基本です。
バラの栽培で発生しやすい病害虫の症状と対策、薬剤を使ううえでの注意点を、
私の実体験を基に紹介します。

病害虫対策のための4ヶ条

① 毎日見る
虫も病気も早期発見が大切です。さっとでよいので、毎日、目を配るようにしましょう。

② 敵を知る
病害虫の写真をちょっとでよいので眺めておきましょう。予習で、気づきが早まります。

③ 対策を練る
「とりあえずある薬をまいてみた」は厳禁。バラを栽培する以上、必ず虫と病気は出ます。殺虫剤と殺菌剤を用意しましょう。はじめてなら、ハンドスプレーの殺虫殺菌両方入りを2種類（できれば3種類）そろえれば対処可能です。

④ 効果を確認する
薬をまいたら翌日効いているか確認。効いていないようなら、別の薬に切り替えましょう。

バラが急に枯れる時

　バラを短い期間で枯らす原因として考えられるのは、地植えならカミキリムシの幼虫、鉢植えならこれに加えてコガネムシの幼虫、水のやり忘れ、肥料の与えすぎです。

薬剤を使うコツ

　虫や病気も木を弱らせますが、4～5年かけて枯れます。年々大きくするためには、ある程度薬の力を借りると便利です。
　薬を撒く時は寒い時間、暑い時間帯を避け、すべての株と葉にきちんと撒くことが大事です。虫や病気は葉の裏に潜むことが多いので、葉に染みこむ薬以外は葉裏に薬がかけられるような器具を用意するとよいでしょう。バラの数が少ない場合は、そのまま撒けるハンドスプレー材やエアゾール剤が便利です。最近では逆さにしても噴霧できるタイプもあります。

薬剤使用の注意点

　同じ薬ばかり使うと、病気もハダニも抵抗力を得て効かなくなることがあります。この対策としては、一度に2〜3種の薬を用意してローテーション散布をします。商品名が違っていても有効成分が同じ場合もあるので、販売店のスタッフに違う成分のものを選んでもらい購入するといいでしょう。

　薬をまく時は、必ず展着剤を混ぜます。バラの葉は水をはじくので、展着剤を混ぜないと薬が充分に葉に残りません。また薬も展着剤も希釈倍率を間違えると葉を傷めます。薬ごとに、必ず用法、用量を守って正しく使用しましょう。

　若葉は薬が濃いと傷みやすいものですが、しおれかけた若葉は特に薬害が出やすいものです。この時に風が強く吹いて乾燥しやすいとさらに傷んでしまいます。撒く時は、バラがしおれていないようにし、暑くなる前に、薬が乾くよう心がけましょう。

　家庭園芸用の殺虫剤や殺菌剤は多くの場合混用できますが、メーカーが保証していなければすべては自己責任。また混ぜる薬剤の数が多くなると、薬害が出やすくなります。

株を健全に育てる

　特に丈夫な品種の場合は、成木になってしまえば環境を整えることで農薬を減らせます。葉によく日を当てること、腐植に富んだ地力のある土を育てることです。化成肥料は植物を育てても、土を育てません。有機質のものが毎年補充されてこそ、土は育つのです。地力を上げるには、牛糞堆肥を撒くか、有機質が循環するようにさまざまな植物をバラと共生させて、植生を豊かにします。

　バラは、体力が落ちると病気にかかりやすくなります。窒素主体の肥料をたくさんやると軟弱になり、病気に弱くなりますが、充分な養分が土から吸えなくても病気になります。同じ理由で、カイガラムシなどに養分を大量に吸われてても、体力が落ちて病気になりやすくなります。

一年間どれだけ葉がついていたかが結果に出る

便利な殺虫剤

バラ用として登録のある農薬の中でも、カバー範囲の広いものが便利です。
2〜3種をローテーションで使いましょう。

［希釈して使う薬］

ベニカR

バラの適用でハスモンヨトウ、バラゾウムシ、コガネムシの成虫、アブラムシ、スリップス、なんとハダニまで幅広くカバーする。

［希釈せずそのまま撒く薬］
（ハンドスプレータイプ）

ベニカX ファインスプレー

基本はベニカRと同じものに効果がある。殺菌剤も入っているので黒星病、うどんこ病にも効く。

サンヨール

希釈濃度は高めですが、ハダニ、アブラムシ、発生直後のチュウレンジハバチの幼虫の窒息効果がある有機銅剤。展着剤不要。本来は殺菌剤。

マイテミンスプレー

アブラムシ、うどんこ病に効く。独自の殺菌剤を使用。他のハンドスプレータイプとローテーションして使いたい。

［地面に顆粒を撒いて使う薬］

オルトランDX粒剤

鉢の表面に均等に全面散布すればコガネムシの幼虫に効き、その薬を根が吸い上げればアブラムシ、バラゾウムシ、スリップス、生まれたてのチュウレンジハバチに効く。鉢植えで効果を発揮する。それ以外は効きにくい。

病害虫の症例と対策

バラに被害を及ぼす病害虫の習性や症状を知り、対策を講じましょう。
発生時期については、p.72～75のを参照してください。

［害虫］

【カミキリムシの幼虫】

　株元に産んだ卵から幼虫がかえり、枝の中を食べて1～2年で成虫になります。つぼみが膨らんでくる頃に突然一枝、もしくは株全体がしおれて枯れます。バラ以外のさまざまな木に被害があります。毎日見まわって親を退治することが大切です。

　親は枝の皮を食べて暮らしています。バラや周りの木に皮をかじってはげたところがあれば、株元に産卵した可能性大。株元から木くずが出ていれば、幼虫のフンです。幼虫が枝の中を食べているので、針金のような細いノズルがついた専用の殺虫剤を木くずの出ている穴に差し込み噴射します。針金を穴の奥まで差し込んで直接退治する方法もあります。接ぎ口が地中に埋まるように深植えすると、1匹での被害が一枝に留まるので被害を減らせます。

【コガネムシの幼虫】

　バラの花が咲きだすと、親が花を食べに来ます。袋の中に落として処分します。幼虫の被害は鉢植えが深刻です。狭い鉢の中に20匹ほどいることもあり、水分や養分を吸い上げる白根をすべて食べられてしまう被害にあいます。

コガネムシ(幼虫)

　芽が出だす頃に、株がぐらぐらして抜けてくるようでは手遅れです。オルトランDX粒剤を定期的に撒いておくと安心です。

【イモムシ類】

　冬に飛び回っているシャクガは、芽出しの頃から早くも卵を産みつけます。何事も早く見つけると被害が少ないので、毎日葉に異常がないか見回りをしましょう。

　ヨトウムシは葉裏にたくさんの卵をまとめて産みます。卵のうちに剥がし取って処分します。卵がかえってしまったら葉裏を食べるので、葉の真ん中が透けてきます。衝撃を与えると一斉に落ちて散らばるので、水やりなどで不用意に揺らさないようにします。この状態なら、葉をごと摘んで退治できます。

　気をつけたいイモムシ類は2つ。ひとつはつぼみにひとつずつ卵を産むオオタバコガで、直接つぼみや花を昼間でもゆうゆう食べています。薬が効きにくいため捕殺します。

もうひとつはホソオビアシブトクチバで、筋肉質のイモムシが夏場に株元や途中の枯れ枝などに寄り添って隠れていて、夕方以降のぼり食害します。この虫はよく地蜂が捕獲してくれますが、小さい株のバラは積極的に捕殺しないとバラの成長が止まります。

他のイモムシ類は、いかにも目立つので対処できます。代表的なものはチュウレンジハバチです。黒い羽でオレンジの腹の親がバラの若い枝に一列卵を埋め、その後、傷がパックリ開きます。幼虫は一枚の葉の縁に並んで食害します。バラに適用のある多くの殺虫剤があるので散布してください。即効性をうたった薬剤の場合は、すぐに効果がわかりますが、書いていなければ数日かけて効果がわかります。大きくなるほど食べる量が一気に増えるので、早めに対処しましょう。大きい幼虫は効きが悪くなるので、効果がわかりやすい即効タイプを利用して確実に退治します。

【カイガラムシ】

バラシロカイガラムシがよくつきます。バラの枝に1mmほどの白い円盤状の雌と、細長いホコリ状の雄がびっしりつきます。卵からかえった直後だけ足で歩いて移動しますが、数日で足が退化し、殻をかぶってひたすら樹液を吸い続けます。真っ白に覆われた枝は枯れます。

厄介なのは、カイガラムシエアゾール以外、殻が殺虫剤を寄せつけないことです。ほかには窒息効果のあるマシン油乳剤（休眠期のみ）があります。マシン油エアゾール剤の中には生育期に散布できるものもあるので確認してください。物理的には、歯ブラシでこすり落とす方法もあります。

カイガラムシ

【バラゾウムシ】

体長2mmほどのクロケシツブチョッキリやイチゴハナゾウムシなど数種がいます。食害や産卵によって、つぼみや芽先数cmに黒い点がついてしおれます。生育に大きく影響はしませんが、被害によってはつぼみがなくなり、花が楽しめません。しおれる直接の原因は、象の鼻のように長く伸びた口で枝を所々分断するためです。1匹でいくつもの枝先を加害するので、即殺虫剤

バラゾウムシ

を芽先中心に散布します。衝撃を感じるとぽろっと落ちる虫なので、そっと作業します。バラが少なければ、この性質を利用して、白い紙で受けて捕殺する方法もあります。

　被害部位に卵が産みつけられているので、しおれた芽先、つぼみはすべて摘み取って庭から排除します。摘んだ部位を庭に捨てるとつぼみや太い茎の中で成長して親となり、次の被害につながります。新手が来たらすぐ見つけたいので、しおれた芽先は早めに摘んでおきましょう。

【ハダニ】

　体長0.5mmほどのクモの仲間で、葉の汁を吸います。汁を吸われた部位はミクロ単位で乾いていくので、葉裏にこれが群生すると葉がかすれたような色になり、カサカサになって落葉します。繁殖力が強く、爆発的に殖えます。クモの仲間なので、被害が進むと葉の間にお尻から出す糸で羽衣のように薄い膜をつくります。また、糸を長く伸ばして風にのって飛び移ります。ただし雨が続くとはたき落されて、餓死もしくは溺れて窒息し、数も減りやすいです。

　葉裏がでこぼこした葉、葉が密集して雨の影響がない場所、ベランダなど雨があたらないところでいつの間にかツボと呼ばれる密生場所ができて周りに拡散します。

ハダニ

基本は、たっぷりと葉水を勢いよくかけて予防します。ハダニを食べるダニもいるので、自然志向ならば、多くのバラ以外の植物を育て、落ち葉など地表に貯めると、絶望的にハダニが増えるということはなくなりますが、環境が整うまでは、薬剤の力に頼ることも必要です。殺ダニ剤で対処しましょう。8本足のクモの仲間なので、6本足に効く殺虫剤ではあまり効果はありません。爆発的な繁殖力があり、薬剤耐性が発達しやすいので注意が必要です。多くの雑草、草花にもつくので、撒く時には、周りにも発生源がないかよく観察してください。

　薬に頼るのであれば、雑草や密生してハダニの巣になった草花を除去してすっきりした環境をつくります。そのうえで、種類の異なる殺ダニ剤を4日おきに3回連続散布して、完全でなければこれをくり返します。

　自然に任せるなら極めて丈夫な品種を選び、さまざまな植物をバラと共生させたうえ

で、地表に落ち葉などが溜まった腐植層をつくって分解者を増やすと食ダニ性のダニが増えます。環境が整うまでに3〜7年要します。バラが弱らない程度に抑えられたら成功です。

【スリップス】
　2mm未満の細長い虫で、成虫は羽で飛び回り、芽先の隙間や開きかけたつぼみの中に潜んでいます。和名はアザミウマ。芽先の葉や若い花弁の淵をかじってしまうので、この葉が成長すればかすれた線ができ、この花が開けば花弁のふちが茶色く汚れて花もきれいに開きません。これでバラが弱ることはありませんが、手をかけて咲かせた花が汚くなるのでガッカリします。花の中にたくさん潜んでいるので、花がらを摘んだら透明な袋などに集めて庭から廃棄します。

　一番花は被害が少ないですが、二番花以降は被害が拡大します。厄介なのはつぼみの中までは薬が届かないこと。他の草花の花の中にもいるので、処理する時は徹底します。バラの夏のつぼみを摘み続ける時期や、秋の整枝などはつぼみや花がなくなり隠れる場所がなくなります。この時が薬撒きの好機です。オルトラン水和剤など浸透移行性の殺虫剤が役立ちます。

[病害]

　特に育てやすいバラの成木なら、病気が出てからの対処療法でもかまいませんが、基本は予防に徹します。予防薬は総合殺菌剤を使います。葉の表面に保護膜をつくります。まずは芽が数cm伸びた芽出しにていねいに散布します。その後は、新しい葉が開くたびに散布することが理想です。気難しい品種なら、毎週施します。多くの品種は2週ごと、丈夫な品種なら月1回が目安です。極めて丈夫な品種は、長雨シーズンのみ、もしくは直接治療薬散布でかまいません。

　総合殺菌剤は耐性菌ができにくいといわれているので、この薬をメインに散布します。ダコニール（注：気温が高いと薬害がでます）、ジマンダイセン水和剤、エムダイファー水和剤やベンレート水和剤などを2〜3種を交互に散布します。病気になってから撒くものを治療薬としますが、植物の場合は病原菌が死滅しても、病斑やよじれが治ることはありません。予防と早めの対処が美しい木を保つ秘訣です。

【黒星病】
　温暖地で注意したい病気です。葉に数mmの黒い点ができ、病斑が5〜7mmに急

成長しつつ黄化落葉します。葉が展開して固まりはじめる時期からが注意が必要です。つぼみが膨らんでくる頃から下の葉から病気になり、ひどい時には花が満開になった時には葉がなくなっています。バラは虫がつくからと敬遠されがちですが、温暖地ではこの黒星病も大きな原因です。病気は静かに広範囲に感染し、一気に発病します。発病後10日もあれば丸坊主です。一気に葉を失うと白根も枯れます。復活に時間がかかるので、貴重な生育適期を逃します。バラが成長しない印象を与える原因のひとつです。

よほど育てやすい品種でない限り予防に徹します。病気とわかったら、間髪入れずに治療薬を撒くことが大事です。病気になった葉をむしり取って治療する

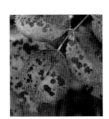
黒星病

ことができるのは初夏に一回咲く品種、オールドローズや秋に花が咲きにくい半つるのシュラブ、大きくて体力のあるつるバラなどです。

・好きな温度

長袖が気持ちいいくらいの気温が目安です。熱帯夜が続く時や、冬場の5〜15℃の間で変動する気候では、致命的に発生することはありません。

・病気にかかる絶対条件

葉が丸2〜3日乾ききることがないこと。黒星病は葉の表面から皮を突き破って葉の中に入らないと生きられません。この菌は発芽後、葉の中に入るまで濡れ続けていないといけないので、感染までに時間のかかる病気です。長雨シーズンはもちろん、天気が悪い日が続くのに夕方水やりで葉を濡らす、殺虫剤だけを散布して葉を濡らすと自ら病気を誘うことになります。

このように書くと、葉を濡らしてはいけないと勘違いする人が多いですが、1〜2時間で葉が乾くのであれば、初夏なら昼間、真夏なら夕方の葉水は涼を呼び、バラが元気になります。またハダニも振り落されて大発生を予防できるのでおすすめです。

・治療薬

葉に染みこむ薬です。耐性菌ができやすいといわれているので、連続使用は避けてください。黒星病は葉の内部にいるので、染みこむ薬で治療します。一見健康そうに見える葉

も感染していることのほうが多いので、発病したら即座にすべての株の葉に散布します。病斑が株の大半に出てから撒いては手遅れです。菌が死滅しても、毒がまわっているためか黄化落葉が止まりません。薬を散布しても止まらない時は撒き残しか、手遅れかのどちらか。耐性菌を疑う前に、撒き方やタイミングを検討しましょう。薬はSTサプロール乳剤やサルバトーレMEです。

バラが少ないならばハンドスプレーが便利。虫にも病気にも使えるものにベニカXファインスプレー、アタックワンAL、病気用にマイローズ殺菌スプレー、フローラガードALがあります。これらを2～3種類交互にかけるようにします。病気で落葉した葉は、特に丈夫なバラだけでつくった庭以外は集めて廃棄します。

【うどんこ病】

寒冷地では黒星病よりも被害が大きいようです。まず、葉が少しよれて形がゆがみ、葉裏に赤紫のまだら模様が出て、その数日後うどん粉を撒いたように白い粉が覆います。この病気は若葉や固まらない枝やつぼみなどやわらかい部位に生えるカビです。黒星病とは違い、葉の表面だけで繁殖します。カビの生えた場所は成長が止まりますから葉が開かない、つぼみがよじれて咲

うどんこ病

かないという症状になります。粉の出はじめなら治療薬で止まりますが、枝やつぼみが変形してきてしまったら咲きません。なるべく健康な葉の上で切り戻して次の芽を吹かせるように促します。

・発生しやすい環境

春秋の気持ちがいい気温の季節、常時15℃以下の晩秋や早春に発生します。常時25℃以上の熱帯夜では出ません。この菌が発芽しないのは濡れている時だけといわれるほど、湿度には左右されません。冷たい風の通り道になる場所で発生しやすいように見えます。

・予防

黒星病に準じます。

・治療

黒星病に準じますが、菌が表面にあるので、予防薬として紹介した薬剤に加えて、パンチョTF、ベンレート水和剤、サンヨールな

ど多くの薬剤が使えます。ハンドスプレーなら、黒星病で紹介した薬以外にもマイテミンスプレー、フローラガードALがあります。

・効果の確認

　効いていれば白い色は残りますが、粉っぽさがなくなってペタンと薄くなっています。すべての葉の粉感が残っていれば、その薬は効かないので、薬を変えましょう。

【さび病】

　夏から秋にかけて見られます。枝葉がやわらかい時に感染して固まりはじめる頃、組織がぽつぽつ膨れた後に、割れて鮮やかなオレンジ色の粉が噴き出します。新芽にできると芽の成長が止まります。

・発生しやすい環境

　私の実体験としては、空気がよどんで湿気が溜まりやすい環境は注意です。病気にかかった部分を切除した後、黒星病の対策に準じて対処します。

【べと病】

　若葉は緑色のまま一気にバサッと散ります。固まってきた頃の葉は、赤茶色の不規則な病斑が出た後に落葉します。開花前の新苗など、枝が締まっていない苗で出てしまうと致命的。葉裏にカビがうっすら生えています。若いやわらかな枝にも感染し、枝が残ったとしても表皮の成長が止まっているので、成長にともない表面がひび割れ

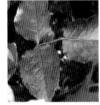

ベト病

生育が止まります。病斑のついた枝自体が感染源になるので、病斑部位は切り捨てて廃棄しましょう。

・発生しやすい環境

　経験的につぼみが大きく膨らみ、期待が高まる頃。葉は展開しているが組織がやわらかい時期に寒くて風がなく葉が濡れ続ける、または冷たいもやに包まれて、一晩経つと突然やってくる印象です。

　雨は仕方ないですが、涼しい時は水やりなどで葉を長く濡らさないようにします。夜間湿度が上がらないよう、地面が多湿にならないように心がけましょう。発生したことがあれば総合殺菌剤で予防します。葉裏から感染するので、薬は葉裏にかけます。

掲載品種 INDEX

【ア】

アール ヌーヴォー … 157
アイコニック ハニー レモネード … 129
アイコニック ピンク レモネード … 149
アイコニック レモネード … 149
アイズ フォー ユー … 125
アイスバーグ … 128
アウグスタ ルイーゼ … 94
アクロポリス ロマンティカ … 92
朝雲(あさぐも) … 114
アプリコット キャンディ … 124
天津乙女(あまつおとめ) … 106
アミ ロマンティカ … 174
アメジスト バビロン … 168
アライブ … 83
アルテミス … 159
アンジェラ … 176
アンドレ グランディエ … 85
杏奈(あんな) … 142
アンブリッジ ローズ … 96

【イ】

いおり … 142
伊豆の踊り子(いずのおどりこ) … 143
イブ ピアッチェ … 114

【ウ】

ヴァージニア マッケンナ … 137
ウィリアム アンド キャサリン … 159
ウーメロ … 139
ウェディングベルズ … 85
宴(うたげ) … 97

【エ】

エアフロイリッヒ … 91
栄光(えいこう) … 116
エウリディーチェ … 131
エドゥアール マネ … 166
エリドゥ バビロン … 138
エリナ … 97
エル … 103

【オ】

王妃アントワネット … 111
オクラホマ … 98
オスカル フランソワ … 111
オフェリア … 118
オマージュ ア バルバラ … 125
オリンピック ファイアー … 151

【カ】

ガーデン オブ ローゼズ … 135

快挙（かいきょ）… 141

カインダブルー … 126

かおりかざり … 143

薫乃（かおるの）… 132

岳の夢（がくのゆめ）… 156

ガブリエル … 153

乾杯（かんぱい）… 109

【キ】

希望（きぼう）… 116

キャンディア メディランド … 123

金蓮歩（きんれんぽ）… 140

【ク】

クイーン エリザベス … 98

クイーン オブ スウェーデン … 136

クチュールローズ チリア … 148

グラハム トーマス … 172

グランデ アモーレ … 172

クリーム アバンダンス … 137

クリスチャン ディオール … 118

クリスティアーナ … 175

グレー パール … 119

グレーテル … 120

グレーフィン ディアナ … 126

クレールマーシャル … 103

クロード モネ … 134

クローネンブルク … 107

黒真珠（くろしんじゅ）… 108

【ケ】

ケアフリー ワンダー … 139

ゲーテ ローズ … 91

光彩（こうさい）… 117

【コ】

ゴールデン ボーダー … 156

ゴールデン メダイヨン … 106

ゴールドバニー … 147

ゴスペル … 89

コティヨン … 143

琴音（ことね）… 151

コンスタンツェ モーツァルト … 83

コンフィダンス … 119

【サ】

桜貝（さくらがい） … 146

ザンガーハウザー ユビレウムスローゼ … 128

【シ】

ジークフリート … 121

紫雲（しうん） … 116

シェエラザード … 131

シカゴ ピース … 107

しのぶれど … 149

ジャスト ジョーイ … 99

ジャルダン ドゥ フランス … 144

シャルル ドゥ ゴール … 99

ジュビレ デュ プリンス ドゥ モナコ … 132

春芳（しゅんぽう） … 97

【ス】

スージー … 169

スーパー トゥルーパー … 166

スーリール ドゥ モナリザ … 162

ステファニー グッテンベルク … 138

【セ】

聖火（せいか） … 98

セント オブ ヨコハマ … 93

【ソ】

早春 … 145

ソニア … 117

ソレロ … 130

【タ】

ダイヤモンド ジュビリー … 104

ダブル ディライト … 109

ダブル ノック アウト … 127

丹頂（たんちょう） … 115

【チ】

チェリー ボニカ … 120

チャーリー ブラウン … 157

チャールズ レニー マッキントッシュ … 133

チャイコフスキー … 94

【テ】

ティノロッシ … 115

ティファニー … 99

デズデモーナ … 133

デンティ ベス … 109

【ナ】

ナエマ … 158

【ニ】

ニコール … 154

ニコロ パガニーニ … 152

【ネ】

熱情（ねつじょう） … 101

【ノ】

ノヴァーリス … 124

ノスタルジィ … 128

【ハ】

パシュミナ … 132

初恋（はつこい） … 119

パット オースチン … 95

花霞（はながすみ） … 154

花ぼんぼり … 142

パパ メイアン … 106

春乃（はるの） … 129

パローレ … 93

ハンス ゲーネバイン … 130

【ヒ】

ピース … 107

ピーチドリフト … 155

ピエール カルダン … 110

ピエール ドゥ ロンサール … 171

ヒストリー … 88

ビバリー … 84

ピンクドリフト … 155

【フ】

ファイヤーワークス ラッフル … 154

フィリップ スタルク … 123

フェルゼン伯爵 … 153

ブラス バンド … 139

ブラック バッカラ … 152

ブラッシング ノック アウト … 127

ブラン ピエール ドゥ ロンサール … 170

フリージア … 147

フリュイテ … 146

プリンセス アイコ … 150

プリンセス シャルレーヌ ドゥ モナコ … 87

プリンセス ドゥ モナコ … 102

プリンセス バビロン … 144

ブルー パーフューム … 115

ブルー バユー … 147

ブルー フォー ユー … 159

ブルー ムーン … 108

ブルグント '81 … 108

フレグラント アプリコット … 150

フレンチレース … 147

フロージン '82 … 104

【ヘ】

ペイズリー アビイ … 167

ベビー ロマンティカ … 157

ベル ロマンティカ … 165

ベルサイユのばら … 92

ヘルツアス … 117

ベルベティ トワイライト … 151

ヘレン トローベル … 118

ヘンリー フォンダ … 110

【ホ】

芳純（ほうじゅん）… 114

ボニカ '82 … 140

ほのか … 141

ボレロ … 131

ホワイト クリスマス … 104

ホワイト ノック アウト … 122

ポンポネッラ … 163

【マ】

マイガーデン … 86

マチルダ … 128

マヌウ メイアン … 105

まほろば … 168

真夜（まよ）… 150

マリア テレジア … 158

マリー ヘンリエッテ … 173

マルク シャガール … 90

マロン … 153

万葉（まんよう）… 145

【ミ】

ミスター リンカーン … 99

ミラマーレ … 101

魅惑（みわく）… 113

【ム】

ムーラン ド ラ ギャレット … 161

ムンステッド ウッド … 95

【メ】

メリナ … 113

メルヘンケニギン … 98

【モ】

モーリス ユトリロ … 135

桃香（ももか）… 94

【ユ】

結愛（ゆあ）… 152

優花（ゆうか）… 145

ユリイカ … 138

【ヨ】

ヨハネ パウロ 2 世 … 100

【ラ】

ラ セビリアーナ … 140

ラ ドルチェヴィータ … 136

ラ パリジェンヌ … 136

ラ フランス … 119

ラ マリエ … 112

ラ ローズ ドゥ モリナール … 171

ライラック ビューティ … 89

ラバグルート … 146

ラブ … 105

ラベンダー メイディランド … 155

ラルサ バビロン … 157

【リ】

リオ サンバ … 154

リベルラ … 148

リモンチェッロ … 121

緑光（りょっこう） … 144

【ル】

ル シエル ブルー … 158

ル ブラン … 112

ルージュ ピエール ドゥ ロンサール … 167

ルージュ ロワイヤル … 102

【レ】

レイニー ブルー … 169

レインボー ノック アウト … 122

レーシー レディ … 96

レジス マルコン … 90

レッド レオナルド ダ ビンチ … 82

レッド アバンダンス … 137

レディ エマ ハミルトン … 134

【ロ】

ロイヤル ハイネス … 118

ローズ ポンパドゥール … 160

ローズ ヨコハマ … 113

ローズうらら … 127

ロートケプヘン … 164

ローブ ア ラ フランセーズ … 173

ローラ … 105

ロザリー ラ モリエール … 156

世界中の人にバラと夢を届ける
京成バラ園芸

　バラの文化を日本に定着させるべく、1959年に千葉県八千代市で創業した京成バラ園芸。海外の最新品種を導入するため、創業後、間もなく育種生産ナーセリーと代理店契約を結び、現在では8社の日本総代理店を務めています。豊富な新品種を日本全国に届けるとともに、自社でも新品種の開発を行っています。これまでに世界の新品種コンテストにて多数の賞を受賞。近年では、難関のローマ国際コンテストで「快挙」が優勝しました。また「春乃」は、日本で開催される3つの国際コンテストすべてに入賞し成果をあげました。

　1971年につくられたガーデンセンターの付属見本園は、1999年に本格的に整備され「京成バラ園」として生まれ変わりました。バラを総合的に紹介するために、世界の最新品種が毎年加わり、バラの歴史がつかめるように、原種やオールドローズを含め、約1600品種を植栽しています。京成バラ園は、秋までバラの魅力を伝える手入れのよさや季節の手入れの講習会、シーズン中はバラのガイドを行うなどのバラの普及活動が認められ、2015年には、第17回世界バラ会議において民間初となる優秀庭園賞を受賞しました。

　社名に「バラ」を冠する会社にふさわしく、新品種の開発や導入、生産、流通、文化活動まで、一貫して日本にバラを深く浸透させるべく活動をしています。

京成バラ園では、1600品種1万株をバラの系統別に植栽。オリジナル品種や世界のバラ苗が揃うガーデンセンターを併設している

京成バラ園芸
千葉県八千代市
大和田新田755番地
http://www.keiseirose.co.jp/

おわりに

　今回、ありがたいことに本を執筆する機会に恵まれました。以前から、バラについて頭の中を体系的に整理したいと考えていました。わかりやすく伝えられているか、思い込みが先行していないか、注意しながら進めてまいりました。いたらない点がございましたらご指摘いただければと思います。

　私が勤務するのは、日本で最大手のバラの会社という環境にあり、今まで非常に多くの方からバラに限らず植物の見方や考え方などを教えていただき、現場に触れることができました。深く感謝しております。

　高い理想と厚い人脈の初代育種家の故鈴木省三氏や、品種改良に必要な形質や価値観、栽培を教えていただいた、二代目育種家の故平林浩氏、バラの苗生産と山野草やつつじの栽培に精通していた鈴木満男氏には、バラに関して特に多くのことを学びました。またバラに限らず園芸をキーワードに交流のある多くの方々に、考えが偏らないように頭の中の振り子を振ってもらいました。バラはさまざまな植物の考え方やテクニックに共通する表現から、独特なものまであり、実に多様です。この中で普遍的なものがないか、探った結果をまとめました。まだ粗削りですが、精度を上げていければと考えています。

　そして今回さまざまな品種の情報や写真をご提供いただいたナーセリーやメーカー、園芸誌関連の皆さまに厚くお礼申し上げます。

　　　バラと緑が、暮らしのうるおいと幸せの種となるよう願って。

　　　　　　　　　　　　　　　　　　　　　　村上 敏

■著者プロフィール

村上 敏（むらかみさとし）

京成バラ園ヘッドガーデナー。バラの品種改良、卸、海外担当、通信販売などの部門を経験し、現在はガーデン部（バラ園とガーデンセンター）に所属。バラに関する幅広い知識と経験をいかし、愛好家に対して手軽なバラの栽培法をアドバイスすることに尽力している。バラと草花との混植デザインを実践・研究中。また、植物全般の造詣も深く、NHK『趣味の園芸』、『あさイチ グリーンスタイル』をはじめとするテレビや雑誌、講演にてさまざまな植物の育て方をわかりやすく解説している。

■協力

小山内健（京阪園芸）　　　玉置一裕（NEWROSES）
小田充人（大森プランツ）　平岡誠（デビッド・オースチン・ロージズ）
河合伸志　　　　　　　　松尾正晃（まつおえんげい）
河本麻記子（河本バラ園）　村田高広（花ごころ）
草間祐輔（住友科学園芸）

■STAFF

編集・取材・執筆協力　山口未和子
写真　　　　　　　　深澤慎平
イラスト　　　　　　五嶋直美
装丁・本文デザイン　及川聡子
DTP　　　　　　　　渡邉祥子、藤井直
協力　　　　　　　　小倉万喜子、佐分ひとみ

ガーデンライフシリーズ

この1冊を読めば性質（せいしつ）、品種（ひんしゅ）、栽培（さいばい）、歴史（れきし）のすべてがわかる

モダンローズ　　　　　　　　　　　NDC620

2017年3月11日　発行

著　者　　村上　敏（むらかみ さとし）
発行者　　小川 雄一
発行所　　株式会社 誠文堂新光社
　　　　　〒113-0033　東京都文京区本郷3-3-11
　　　　　（編集）電話 03-5800-5779
　　　　　（販売）電話 03-5800-5780
　　　　　http://www.seibundo-shinkosha.net/

印刷・製本　図書印刷 株式会社

© 2017, Satoshi Murakami.　　　　　　　　　Printed in Japan　検印省略

本書掲載記事の無断転用を禁じます。
万一乱丁・落丁本の場合はお取り替えいたします。

本書のコピー、スキャン、デジタル化等の無断複製は、著作権法上での例外を除き、禁じられています。本書を代行業者等の第三者に依頼してスキャンやデジタル化することは、たとえ個人や家庭内での利用であっても著作権法上認められません。

JCOPY〈(社)出版者著作権管理機構 委託出版物〉
本書を無断で複製複写（コピー）することは、著作権法上での例外を除き、禁じられています。本書をコピーされる場合は、そのつど事前に、(社)出版者著作権管理機構（電話 03-3513-6969 ／ FAX 03-3513-6979 ／ e-mail:info@jcopy.or.jp）の許諾を得てください。

ISBN978-4-416-61698-7